*Das Buch*

Kinder und Jugendliche verbringen deutlich zu viel Zeit mit ihrem Smartphone – daran besteht kein Zweifel. Schlimmer noch: Die Handynutzung ist in unseren Familien zum Streitthema Nummer eins geworden. Als Medienexperte begegnet Thomas Feibel auf seinen Reisen durch die Republik fast täglich Müttern und Vätern, die in der Erziehungsarbeit an ihre Grenzen stoßen und nach bewährten Methoden suchen, um die übermäßige Nutzung einzudämmen. In diesem Buch zeigt er anhand der besten Lösungsvorschläge, wie die digitale Erziehung gelingen kann. Aus zahlreichen Gesprächen mit Kinderärzten, Psychologen, Suchtexperten, Hirnforschern, Lehrern und Eltern entsteht ein individueller Leitfaden für jede Familie.

*Der Autor*

Thomas Feibel ist der führende Medienexperte in Sachen Kinder und Digitales in Deutschland und leitet das Büro für Kindermedien in Berlin. Als Kinder- und Jugendbuchautor widmet er sich Themen wie Cybermobbing und dem Aufwachsen in der digitalen Welt. Er hält Workshops zum richtigen Medienumgang in Schulen und arbeitet als Journalist u.a. für *c't*, *WDR* und *Deutschlandradio*. 2014 wurde Thomas Feibel für seine Arbeit zur Leseförderung und Vermittlung elektronischer Medien für Kinder und Jugendliche von Bibliothek & Information Deutschland (BID) mit der Karl-Preusker-Medaille ausgezeichnet. Er ist Vater von vier Kindern.

THOMAS FEIBEL

## JETZT PACK DOCH MAL DAS HANDY WEG!

Wie wir unsere Kinder von
der digitalen Sucht befreien

ULLSTEIN

Besuchen Sie uns im Internet:
www.ullstein-taschenbuch.de

Originalausgabe im Ullstein Taschenbuch
1. Auflage Oktober 2017
2. Auflage 2017
© Ullstein Buchverlage GmbH, Berlin 2017
Umschlaggestaltung: zero-media.net, München
Titelabbildung: © FinePic®, München
Satz: KompetenzCenter, Mönchengladbach
Gesetzt aus der Minion
Druck und Bindearbeiten: CPI books GmbH, Leck
ISBN 978-3-548-37719-3

# Inhalt

Vorwort 7

KAPITEL 1: Vorbild sein – So ein Mist! 11

KAPITEL 2: Prävention – Es ist nie zu spät für Schutz 48

KAPITEL 3: Orientierung – Nur wer sich auskennt, kann seine Kinder schützen 94

KAPITEL 4: Regeln – Let's make a deal 137

KAPITEL 5: Jetzt pack doch mal das Handy weg oder die Sache mit der Sucht 162

KAPITEL 6: Gut zu wissen: Technikverständnis 184

KAPITEL 7: Empowerment 227

KAPITEL 8: Ein Trend namens »Digital Detox« 255

Dank und Epilog 269

# Vorwort

Kinder und Jugendliche verbringen deutlich zu viel Zeit mit ihrem Smartphone – daran besteht kein Zweifel. Schlimmer noch: Die Handynutzung ist in unseren Familien zum Streitthema Nummer eins geworden. Und selbst wenn »Handysucht« bisher als offiziell anerkannte Diagnose umstritten ist, sind viele Eltern dennoch stark beunruhigt, weil sich der Handykonsum ihrer Kinder wie eine Sucht anfühlt und ihre schulischen Leistungen beeinträchtigen kann. Als Medienexperte und Journalist begegne ich auf meinen Lese- und Vortragsreisen fast täglich Müttern und Vätern, die in der Erziehungsarbeit an ihre Grenzen stoßen und nach probaten Mitteln und Wegen suchen, wie sich die übermäßige Nutzung eindämmen lässt.

Es gibt aber noch eine andere Seite: Wenn ich als Kinder- und Jugendbuchautor Lesungen und Workshops zu Netz- und Smartphonethemen in Schulen halte, gestehen mir Schüler von der 4. bis zur 11. Klasse eine Sache, die sie ihren Eltern nicht unbedingt anvertrauen: Ab und zu wird es sogar ihnen zu viel. Auch sie wünschen sich Wege der Selbstregulation, die nicht gleich das große Handyverbot bedeuten. Darum habe ich dieses Buch geschrieben.

**Für wen ist dieses Buch?**

Dieses Buch ist ein Erziehungsratgeber für Eltern,

- deren Kinder bereits eine große und problematische Handynutzung aufzeigen,
- deren Kinder gerade ein Smartphone bekommen haben und die nach Regeln suchen,
- deren Kinder noch kein Smartphone besitzen und die wissen möchten, wie sie das Thema erzieherisch angehen sollen.

**Wie dieses Buch entstand**

Für dieses Projekt habe ich im Vorfeld mit sehr vielen Kindern, Jugendlichen, Eltern und Lehrern gesprochen, um herauszufinden, wie sie Probleme lösen oder welche Sorgen und Ängste sie am stärksten beim Thema Smartphone umtreiben.

Mit all ihren Fragen reiste ich zu zahlreichen Experten, um in persönlichen Gesprächen kluge und realistisch umsetzbare Lösungen zu erfahren. Dabei traf ich mich mit renommierten Kinderärzten, Psychologen, Psychotherapeuten, Suchtexperten, Hirnforschern, Schuldirektoren, Jugendforschern, Medienpädagogen, IT-Experten, Fachjournalisten, Philosophen und engagierten Jugendlichen. Ihre hilfreichen Antworten, Erklärungen und Lösungen flossen in dieses Buch ein. Sie sollen Ihnen bei der Erziehung helfen und für Ihre Entlastung sorgen.

**Welche Lösungen bietet das Buch?**

Natürlich gibt es nicht *das* perfekte Rezept oder *die* eine

Lösung. Aber die Kapitel dieses Buches bilden die acht Säulen, die zu einem eigenverantwortlichen Umgang mit dem Smartphone führen.

Am Anfang stehen unsere **Vorbildfunktion** und die Frage, was wir **präventiv** bei jungen Kindern beachten müssen. Der Abschnitt **Orientierung** veranschaulicht, welchen unverzichtbaren Beitrag Medienkompetenz in der Erziehung leistet und welche **Regeln** eingeführt und beachtet werden müssen. Darüber hinaus widmet sich ein eigenes Kapitel dem komplexen Thema **Sucht**, während das Kapitel zum **Technikverständnis** Eltern gut und verständlich erläutert, was Kinder mit ihren Smartphones alles machen – und warum. Das Kapitel **Empowerment** zeigt, wie der Nachwuchs den Weg zu einem eigenverantwortlicheren Umgang mit dem Smartphone schaffen kann. Schließlich bietet das Kapitel **Detox** Denkanstöße, wie wir wieder mehr Ruhe, Zeit und Lebensqualität in unser aller Leben bringen.

**Im Buch geht es aber um noch mehr**

Das Thema Smartphone ist nicht nur ein Erziehungsthema, sondern auch ein riesiges Gesellschaftsproblem: Wie wollen wir miteinander leben und in welcher Welt möchten wir unsere Kinder aufwachsen sehen? Sobald sie ein Smartphone besitzen, betreten sie mit dem Internet eine Welt der Informationen, aber auch der Lüge, des Hasses, der Manipulation und Überwachung. Folglich müssen wir Kinder nicht nur dafür stark machen, das Handy aus der Hand zu legen, sondern auch dafür, besser auf sich aufzupassen und für ihre demokratischen Grundrechte einzutreten. Dabei müssen wir ihnen helfen.

Thomas Feibel, Berlin im September 2017
FEIBEL.DE-Büro für Kindermedien
www.feibel.de

Wollen auch Sie mir Ihre eigenen Erfahrungen schicken? Schreiben Sie an: post@feibel.de

# KAPITEL 1

## Vorbild sein – So ein Mist!

*Wieso Kinderziehung mit dem Smartphone
so anstrengend ist, welche Rolle Erwachsene dabei
spielen und warum alle davon tierisch genervt sind*

**Die viel zu tiefe Bindung zum Smartphone**

Wie fast alle Eltern bin ich der Überzeugung, dass meine Kinder eine viel zu tiefe Bindung zu ihrem Smartphone haben. Jedenfalls eine deutlich intensivere als ich. Stimmt das wirklich? Wie wichtig mir das eigene Gerät tatsächlich ist, lässt sich mit einem ganz simplen Test überprüfen. Dazu rufe ich mir diesen Moment ins Gedächtnis, in dem ich mein Handy nicht finden kann: Hastig jage ich durch die Wohnung, durchsuche hektisch jeden Winkel und verdächtige einzelne Familienmitglieder, was bei ihnen nicht sonderlich gut ankommt. Schon weil ich sie bereits wenige Sekunden später kleinlaut darum bitte, meine Mobilfunknummer anzurufen. Leise kriecht Panik in mir hoch: Was ist, wenn ich es auf lautlos gestellt habe oder der Akku seinen Geist aufgegeben hat? Wie lange ist eigentlich meine letzte Datensicherung her? Und wieso kann ich nicht wie alle anderen auch der Cloud vertrauen? Schließlich ist nicht *bloß* mein Mobiltelefon spurlos verschwunden, sondern auch so etwas wie meine dritte Gehirnhälfte. Termine, Adressen, Telefonnummern, Nachrichten, Notizen, Fotos und und und …

Kaum aber halte ich das heißgeliebte Schätzchen wieder unversehrt in meinen Händen, reihe ich mich erneut seelenruhig in die Gesellschaft jener Erwachsenen ein, die nur mit einem verständnislosen Kopfschütteln auf die Jugend herabblicken können. Wie Frank-Walter Steinmeier bin ich dann der Ansicht, dass die gefälligst mal den Kopf vom Smartphone heben und sich der Realität zuwenden sollten. Hallo?! Ich meine, wenn das sogar der Bundespräsident sagt …

**Vorbild – was soll denn das bitteschön sein?**
Wenn es um Smartphones und Kinder geht, dauert es nicht lange, bis der Ruf nach der Vorbildfunktion von uns Erwachsenen laut wird. Aber was genau das ist und wie das ideale Vorbild aussieht, kann keiner so richtig sagen. Nur so viel scheint einleuchtend: Würden erwachsene Menschen vernünftiger mit dem Smartphone umgehen, wäre es automatisch um das Handyverhalten der Kinder besser bestellt. Das klingt zwar gut, aber so einfach verhält es sich leider doch nicht. Denn kaum ein Mensch hat die Kontrolle darüber, ob er ein exzellentes, passables oder eher ein lausiges Vorbild abgibt.

Wir alle sind – ob wir wollen oder nicht – *immer* Vorbild.

Dummerweise schauen sich Kinder nicht nur die Schokoladenseiten ihrer Eltern ab.

»Letzte Woche«, erzählt Bettina, Mutter einer dreijährigen Tochter, »wollte ich Miriam zum Kindergarten fahren.
Als wir auf dem Weg plötzlich im Stau steckten, stieß Miri
in ihrem Kindersitz ein lautes ›Fahr doch, du Penner‹ aus.
Genau in meinem Tonfall. Da war ich erst mal platt.«

Kinder sind gnadenlose Beobachter, denen nichts entgeht. Natürlich wäre es auch mir viel lieber, wenn sie sich
einprägen würden, wie ich neulich der alten Dame über die
Straße geholfen, ihr die Einkäufe hochgetragen und dann
sogar noch ihre Goldfische gefüttert habe. Fatalerweise
sind aber meine Kinder auch in unmittelbarer Hörweite,
wenn mir gerade zum dritten Mal der IKEA-Schrank bei
der Montage über dem Kopf zusammenbricht und ich
einen schwedischen Wutanfall bekomme.

**Was wir Eltern wollen**

Keine Sorge, das alles ist völlig normal. Als Eltern sind
wir eben weder der dauerlächelnde Dalai Lama noch die
selbstlose Mutter Teresa, sondern einfach ganz gewöhnliche,
authentische Mütter und Väter. Mal haben wir Geduld und
Gleichmut, mal ein flatterndes Nervenkostüm – das hängt
eben von unserer jeweiligen Tageszeit und -form ab. Und
manchmal klingelt nun mal ständig das Smartphone. Das
ist die Welt, unsere Welt, in der Kinder aufwachsen und
geprägt werden.

Wir Eltern wollen unsere Kinder gut, liebevoll und beschützt erziehen. Wir wollen ihnen die Basis für ein glück-
liches, erfülltes Leben bereiten. Und wir wollen, dass sie
ihre Potentiale voll entfalten, damit sie später mit Empathie

und Eigenverantwortung ihren Platz in der Welt finden können.

Kann schon sein, dass das alles superkitschig klingt, es ist aber darum nicht weniger wahr.

Nur kommt diesem frommen Ansinnen immer wieder etwas dazwischen: Die Kartoffeln brennen an. Das Auto bleibt liegen. Der Chef drückt unsereins noch Extra-Arbeit auf. Die Schwiegereltern kommen mit vorgekochtem Essen und eigener Bettwäsche für eine ganze Woche zu Besuch. Oder das Kind schreibt eine 5 in Mathe. Kurz: das Leben.

Stets sind wir bemüht, auch noch aus der vertracktesten Situation das Beste zu machen. Weil wir unsere Kinder lieben und sie die einzigen Menschen sind, die wir *bedingungslos* lieben. Obwohl sie es uns nicht immer leicht machen, weil sie vielleicht wieder einmal das Tablet gemopst haben, um heimlich unter der Bettdecke »Clash Royale« zu spielen.

### Kindererziehung (mit dem Smartphone) ist anstrengend

Die Crux mit dem Smartphone, der Erziehung und der Vorbildfunktion lässt sich in einem Bild exemplarisch zusammenfassen: dieser Moment, wenn du von deinem Smartphone aufschaust und dein Kind gerade auf sein Smartphone starrt.

Erziehung bedeutet immer auch ein hübsches Stück Selbsterziehung. Nicht fluchen, nicht rauchen oder nicht ständig mit dem Smartphone in der Hand herumlaufen – das ist echt schwer und mühsam. Damit das tatsächlich gelingen kann, bedarf es eines enorm hohen Maßes an Bewusstsein, Reflexion und Disziplin. Intellektuell gesehen sind wir dazu natürlich durchaus in der Lage. Wer jedoch aufgeweckte und putzmuntere Kinder hat, weiß ebenso, dass einem zwischen Kinderschwimmen, täglichem Einkauf, Hausaufgaben und Bettenbeziehen schon mal die Puste ausgehen kann.

Was uns manchmal im hektischen Medienzeitalter zusätzlich unter Druck setzen kann, ist dieser vollkommen bekloppte Wunsch, in der Erziehung *perfekt* zu sein. Dieses Bedürfnis, alles richtig zu machen, wird auf unterschiedlichsten Kanälen befeuert: vom periodisch erscheinenden Elternbrief im Postkasten über Onlinemagazine bis hin zu Familien-Blogs, Elternabende und Ratgeberbücher von Erziehungsgurus. Das stresst. Möglicherweise treffen diese Angebote deswegen einen empfindlichen Nerv, weil wir partout die Fehler unserer Eltern nicht wiederholen möchten. Stattdessen machen wir lieber unsere eigenen Fehler. Und die unserer Eltern gleich noch dazu. Denn die haben unsereins meist stärker geprägt, als es einem lieb sein dürfte.

Um es ganz deutlich zu sagen: Wer unentwegt sein Bestes gibt, damit eine hundertprozentig gute Erziehung mit Smartphones und anderen wichtigen Dingen des Lebens glückt, der kann dieses Rennen gar nicht gewinnen, weil so etwas wie hundertprozentig gute Erziehung überhaupt nicht existiert. Genauso wenig wie es keine hundertprozentige Sicherheit im Leben gibt. Folglich dürfen wir Erziehung allgemein und Medienerziehung insbesondere ruhig etwas entspannter angehen und gnädiger im Anspruch an die eigene Elternrolle sein.

## Zank um das Smartphone

»Der kürzeste Weg zum Familienkrach ist«, gesteht Bernd, Vater einer 12-jährigen Tochter, »wenn ich Sophie abends auffordere, das Smartphone aus dem Zimmer zu bringen, damit sie in Ruhe schlafen kann.«

Natürlich ist es vollkommen richtig, das Smartphone nachts aus dem Kinderzimmer zu verbannen. Mit solchen Ansagen haben wir nur das Wohl unserer Kinder im Sinn. Das bedeutet allerdings nicht, dass sie diese Erziehungs-maßnahmen auch gut finden müssen. Unsere Kinder sind ja nicht doof. Sie protestieren, weil sie etwas als ungerecht empfinden, eine für sie angenehmere Option aushandeln oder eine Grenze austesten wollen. Diesen alltäglichen Konflikt sollen, können und müssen Eltern souverän aus-halten. Unnötig kompliziert wird es immer dann, wenn sich so mancher Elternteil nicht damit zufriedengibt, dass das Kind sein Smartphone weglegt, sondern dass es das auch noch *einsehen* soll. Sorry, aber diese Schleife ist nun wirklich zu viel verlangt.

Sicher, ständige Reibungen und Auseinandersetzungen um das Smartphone sind für alle Beteiligten anstrengend und zermürbend, jedoch auch ein unverzichtbarer Prozess in der Kindererziehung. Denn wann immer Menschen auf-einandertreffen – ganz gleich, ob sie groß oder klein sind –, treffen auch ihre verschiedenen Bedürfnisse aufeinander. Dass es da zu Dissonanzen kommt, ist unumgänglich. Von klein auf müssen Kinder beständig ihre Grenzen ausloten, um so tastend auszuprobieren, wie weit sie gehen können. Und das bleibt bis zu den letzten Zügen des Pulverfasses namens Pubertät so. Vermutlich legen sich viele Eltern darum frühzeitig einen großzügigen Rotweinvorrat zu.

## Warum Autorität auch im Medienzeitalter unverzichtbar bleibt

Kinder wollen und brauchen autoritäre Eltern, die klare und nachvollziehbare Ansagen machen. Leider hat der Begriff der Autorität durch die Vergangenheit einen frostig-militärischen Beigeschmack. Zum Glück leben wir nicht mehr in einer Zeit, in der jeder Einspruch von Kinderseite als frech zurückgewiesen und Gespräche mit »ich dulde keine Widerrede« herzlos abgewürgt wurden. Nur ist das weichgespülte Gegenteil auch keine Lösung. Wir tun – wenn auch aus Liebe – Kindern keinen Gefallen, wenn wir ihnen jedes Steinchen aus dem Weg räumen. Denn das beschützt sie nicht, sondern hindert sie in ihrer Entwicklung. So müssen Kinder etwa auch lernen, mit Frustration umzugehen. Was sie brauchen, ist eine »positive Autorität«, wie sie der verstorbene Kinderpsychologe Wolfgang Bergmann proklamiert hat. Diese Autorität »muss auf der eine Seite die Forderungen, Regeln und Normen ganz präzise formulieren«, so Bergmann, »und gar keinen Zweifel daran lassen, dass sie diese Regeln auch durchsetzen wird – einfach weil sie so wichtig sind! Auf der anderen Seite muss sie einen großen Kreis der Gelassenheit, der Großzügigkeit beschreiben. Denn die Anwendung der Regel, die Befolgung der Normen findet ja in einer überaus komplizierten und zerrissenen Welt satt.«

Höchste Zeit also, die eigenen Propeller am Helikopter abzuschrauben.

Das sieht auch Prof. Dr. Michael Schulte-Markwort so, der als Kinder- und Jugendpsychiater und ärztlicher Direktor im Zentrum für Psychosoziale Medizin im Universitätsklinikum Hamburg-Eppendorf (UKE) tätig ist.

»Als Kinderpsychiater bin ich immer ein bisschen allergisch auf Eltern, die die Freunde ihrer Kinder sein wollen. Ihnen bringen wir immer als Erstes bei, wie man Eltern wird«, erklärt Schulte-Markwort in seinem Büro. »Wir sagen ihnen, dass sie als Eltern Verantwortung übernehmen müssen. Eltern müssen auch mal sagen, wo es langgeht. Eltern müssen vor allem ihr Kind auch mal an die Hand nehmen. Der Tobsuchtsanfall einer Dreijährigen vor dem Kleiderschrank, der darauf zurückführt, dass sich keiner traut, am Abend vorher die Kleider herauszulegen, ist hausgemacht. Natürlich ist für mich auch Respekt wichtig. Darum ist es gut, wenn Kinder selber aussuchen können. Aber ich habe den Eindruck, dass gerade bei den Jugendlichen große Ratlosigkeit herrscht. Ich hatte heute Morgen mit einem 18-jährigen, komplett ratlosen Mädchen zu tun. Da muss ich sie an die Hand nehmen. Es gibt aber viele Eltern, die sich davor scheuen. Mein Eindruck ist, dass wir heute nicht mehr so eine genaue Vorstellung von Autorität haben. Sie gilt im Grundsatz eher als etwas Negatives. Eltern wissen nicht, wie sie Autorität eigentlich ausfüllen sollen. Viele meiner Behandlungen leben davon, dass ich eine Autorität in einem guten Sinne bin. Die Kinder brauchen den Rahmen und sie brauchen die Entlastung.«

Zusammengefasst also lässt sich sagen: je unklarer die Eltern, desto orientierungsloser die Kinder. Das gilt auch für die Vorbildfunktion im eigenen Medienkonsum.

## Wie der eigene Medienkonsum aussieht

Wie groß und bedeutend ihre Vorbildrolle in Sachen Medien tatsächlich ausfällt, ist vielen Eltern nicht klar.

Das stellte auch Dr. Karin Knop vom Institut für Medien- und Kommunikationswissenschaft von der Mannheimer Universität fest, die mit Kollegen maßgeblich an der Studie »Mediatisierung mobil. Handy- und Internetnutzung von Kindern und Jugendlichen« mitgewirkt hat. »Wir haben in unseren Studien herausgefunden«, so erzählt die akademische Rätin in ihrem Büro am Rheinufer, »dass manchen Eltern wirklich erst durch unsere Befragungen bewusst geworden ist, was sie selbst vorleben.«

Warum ist das so? Vielleicht weil wir immer wieder vergessen, dass wir Kinder nicht nur mit dem erziehen, was wir ihnen *sagen*, sondern vor allem mit dem, was wir *tun*. Das eine ist der eigene Anspruch, das andere die eigene Haltung. Und immer dann, wenn diese zwei Punkte stark auseinanderklaffen, hagelt es von den Kindern Widerspruch. Völlig zu Recht.

Ein Beispiel, das fast schon ein Klassiker ist, betrifft den Fernsehkonsum:

Benni ist acht Jahre alt und stinksauer. Jeden Samstag darf er eine Stunde fernsehen. Nur dieses Wochenende geht das nicht. Die Eltern fahren mit ihm zu Freunden. Da gibt's zwar Kaffee und Kuchen, aber keine anderen Kinder, und die Glotze bleibt dort ebenfalls aus. Natürlich kann Benni seine Sendung später auch in der Mediathek sehen, so wie vielleicht unsere Eltern schon die eine oder andere Sendung aufgenommen haben. Aber das ist überhaupt nicht dasselbe. Denn nicht der Cartoon spielt eine Rolle, sondern das feste Ritual. Und das fällt nun aus.

Dann kommt der Sonntagabend. Irgendwie findet das Abendessen etwas früher als gewöhnlich statt. Zwar trödelt Benni beim Zähneputzen und Schlafanzug anziehen nicht mehr als an anderen Tagen, aber heute treibt ihn sein Vater besonders zur Eile an. Auch Bennis Mama liest zügiger als sonst aus dem Buch vor, manchmal legt sie auch eine CD ein. Denn: Einmal in der Woche möchten die Eltern in Ruhe ihren *Tatort* genießen. Auch so ein Ritual.

Und was macht Benni jetzt? Schließt der Junge Punkt 20:15 Uhr die Augen und schläft auf der Stelle ein? Nein, natürlich nicht. Benni praktiziert nun genau das, was wir selbst schon als Kinder veranstaltet haben: Erst liegt er mit scheinwerfergroßen Augen hellwach in seinem Bett, hört durch die Wände das Stimmengewirr des Fernsehkrimis, schleicht dann lautlos in den Flur, um heimlich durch den Türspalt mitzuschauen. Irgendwann wird es ihm zu gruselig oder zu langweilig, er öffnet die Wohnzimmertür ganz und verkündet mit gespielter Untröstlichkeit: »Mama, ich kann nicht schlafen.«

**Was wir bei anderen Medien besonders gut können**

Beim Fernsehen können Eltern noch exzellente Vorbilder sein. Wir alle kennen die ungeheuer starke Sogwirkung des Fernsehens und wissen, dass in der Kiste zu jeder Tages- und Nachtzeit etwas läuft. Wann immer sie auch eingeschaltet wird, lässt sich doch nach ein paar Runden des Rumzappens zwischen dem miserabel synchronisierten Anpreisen eines Bauchmuskeltrainers und einer der unzähligen Kochsendungen etwas halbwegs Interessantes finden. Trotzdem schalten wir den Fernseher nicht dauernd ein, obwohl die Verführung da ist und wir es jederzeit könnten. Denn irgendwann haben wir eine wichtige Lektion gelernt: *Wir widerstehen.* Der Kasten bleibt in der Regel genau so lange aus, bis der richtige Zeitpunkt kommt. Aber der Fernseher klingelt, bimmelt und vibriert ja auch nicht, sondern steht stumm im Wohnzimmer.

Ganz im Gegensatz zum Smartphone, das immer am Körper oder maximal eine Armlänge entfernt ist und alles unterbrechen darf: die Stille, die Arbeit, den Spielplatzbesuch, das Abendessen. Und wie läuft es da mit dem Widerstehen? Warum ist das Smartphone eine so willkommene Nervensäge? Und welche Haltung leben wir hier unseren Kindern vor?

»Es gibt ein tolles Foto aus den 50er Jahren«, erklärt Dr. Tomke van den Hooven, Fachärztin für Kinder- und Jugendpsychiatrie aus Karlsruhe. »Da laufen zwei Herren gemächlich, die Hände auf dem Rücken, die Straße entlang, und so ein vierjähriger Knirps läuft in genau der gleichen Körperhaltung hinterher. Und das sagt eigentlich alles. Kinder lernen durch Nachmachen, aber von realen Personen.«

Höchste Zeit also, sich mal gründlich darüber Gedanken zu machen, was *wir* so alles mit dem Wischkasterl, wie die Österreicher sagen, so anstellen.

## Das Smartphone unboxed

> Kalender
> Telefonbuch
> E-Mail
> Kurznachrichten (WhatsApp, Threema etc.)
> Soziale Netzwerke (LinkedIn, Xing, Facebook etc.)
> Internetzugang (Wikipedia, Google etc.)
> Kamera
> Videokamera
> Fotoalbum
> Wörterbuch
> Fahrkartenautomat
> Wettervorhersage
> Schreibmaschine
> Landkarte
> Walkman
> Musikbox
> Kino
> Spielgerät
> Shop
> Scanner
> Diktiergerät
> Wecker

> Uhr
> Lupe
> Spiegel
> Zeitung
> Buch
> Notizbuch
> Hotelbuchung
> Restaurantester
> Flohmarkt (eBay)
> Taschenrechner
> Sporttrainer
> Kompass
> Taschenlampe
> Wasserwaage
> Und Telefon (fast vergessen)

**Was wir mit dem Smartphone machen
und was es mit uns macht**

All diese Dinge stecken heute gebündelt in einem einzigen, handflächengroßen Gerät, das sich auch noch mühelos in die engste Hosentasche zwängen lässt. Kaum zu glauben, dass noch vor wenigen Jahrzehnten die ersten Computer solche gigantischen Ausmaße hatten, dass darin technische Mitarbeiter in weißen Kitteln zwischen Riesenröhren herumlaufen konnten.

Viel zu schnell haben wir uns an den bequemen Komfort des Smartphones gewöhnt, um noch mit Ehrfurcht über diese enorme technologische Leistung zu staunen. Als vor über zehn Jahren das erste iPhone herauskam, war es auf

Anhieb ein durchschlagender Erfolg für die Firma Apple. Viele andere Hersteller zogen mit eigenen internetfähigen Mobiltelefonen nach. Seitdem sind wir *on*. Immer und überall. Heute gehört das Smartphone längst zum Lebensstandard, vermutlich ist es sogar das weltweit meistgenutzte Gerät überhaupt.

Wir *Smartphonistas* haben unabhängig von unserem Alter eine emotionale Bindung zu unserem Gerät aufgebaut. Forscher vermuten, dass dies am Touchscreen liegt. Weil Maus und Tastatur wegfallen, ist eine direkte Berührung möglich. Es entstehe der Eindruck, so der Designforscher Fabian Hemmert im Gespräch mit dem *SZ-Magazin*, »dass man digitale Inhalte anfassen kann«.

Die Menschen lieben ihr Smartphone noch aus anderen Gründen.

Das Gerät ist einfach schön und ästhetisch. Es liegt angenehm in der Hand und seine intuitive Nutzerfreundlichkeit macht es so wunderbar leicht bedienbar. Zudem verspricht es seinem Besitzer, zeitliche und räumliche Unabhängigkeit zu erlangen, und liefert darüber hinaus dieses beruhigende Gefühl, stets alles dabeizuhaben.

»Über WhatsApp bin ich in Kontakt mit meinen Freunden und der Familie«, verrät Helena aus Hamburg, Mutter einer 14-jährigen Tochter. »*Spiegel online* hält mich immer auf dem Laufenden, eine Tageszeitung lese ich gar nicht mehr. Ich nutze Google Maps, Wetterapps, den Wecker und die Kamera, um Fotos und Filme zu machen. Im Auto oder beim Joggen höre ich Musik oder Hörspiele mit dem Smartphone.«

So konnte sich das Smartphone mit seinen vielfältigen Funktionen und Apps nach und nach in unser aller Leben einschleichen und unentbehrlich machen. Weil es Spaß macht, weil es praktisch, idiotensicher und vor allem, weil es irre bequem ist. Nie zuvor war Kommunikation leichter und unverbindlicher: mit Freunden plaudern, Oma und Opa die neuesten Enkel-Fotos senden, ja selbst zu den eigenen Kindern gibt es den direkten Draht.

Diese beschwingte Leichtigkeit geht auch nahtlos ins Berufsleben über, das den ständigen Griff zum Gerät ohne schlechtes Gewissen legitimiert.

## Der bittersüße Pakt von Smartphone und Beruf

Werfen wir einen näheren Blick auf die Erwachsenenwelt. Es stimmt schon: Das Smartphone hat vielen Arbeitnehmern eine deutlich größere Flexibilität beschert. Der gegenwärtige Aufenthaltsort spielt keine Rolle mehr. Dieser minimierte Computer erlaubt es, ortsunabhängig zu agieren und reagieren. Damit wird telefoniert, geplant, verwaltet, organisiert und genetworked, bis die Fingerspitzen glühen. Es gibt ja immer etwas zu tun, und mit dem Smartphone lassen sich viele Dinge auch mal schnell zwischendurch in der U-Bahn erledigen. Das ist sehr praktisch. Auch nach Feierabend, auch am Wochenende, selbst im Urlaub.

»Ich checke meine E-Mails, beruflich und privat«, erklärt Wolf, Handelsvertreter aus Hagen, »und empfinde es als Privileg, dass ich damit von jedem Ort der Welt aus arbeiten kann.«

Nur ist es irgendwann auch total normal geworden, noch am späten Abend seine Mails zu kontrollieren. Das ist ein schleichender Prozess. »Als mir mein Arbeitgeber das Smartphone zur Verfügung gestellt hat, habe ich mich zuerst gefreut«, erzählt Wolf. »Dann kamen die ersten Mails am Samstagabend, und ich spürte die unausgesprochene Aufforderung, sie sofort beantworten zu müssen. Reagiere ich nicht, spukt die Mail trotzdem weiter in meinem Kopf herum. So oder so bin ich damit beschäftigt.«

Diese Zwickmühle ist die große Schattenseite der ständigen Erreichbarkeit. Denn im Gegensatz zur privaten Kommunikation müssen in beruflichen Schreiben oft Entscheidungen getroffen werden. Das geht aber nicht immer auf Knopfdruck, sondern muss auch überlegt sein. Ärgerlicherweise kommen im Beruf noch die üblen Unsitten vieler E-Mail-Schreiber hinzu, die einem bis zu Hause aufs Smartphone verfolgen. Mal setzen sie Vorgesetzte und Kollegen in CC und den Empfänger damit unter Druck oder sie laden per Mail Arbeiten, Aufgaben und Aufträge bei anderen ab. Bevorzugt am späten Freitagnachmittag, Ergebnisse bitte am Montagmorgen.

**Da muss ich kurz ran**

Anfangs war die Nutzung des Smartphones noch eine verheißungsvolle Erleichterung. Doch was macht das eigentlich mit uns, wenn das Smartphone klingelt und wir so plötzlich Küchen, Supermärkte, Zugabteile und Spielplätze kurzzeitig zum Homeoffice umfunktionieren?

Klaus Hurrelmann nennt das »eine Entgrenzung, die sehr eng mit dem Voranschreiten der digitalen Kommunikation und digitalen Kontakten zusammenhängt«. Hurrelmann arbeitet als Professor of Public Health and Education an der Hertie School of Governance in Berlin. Der Jugendforscher ist einer der federführenden Autoren der großen »Shell Jugendstudie«, die unter anderem zeigt, unter welchen Bedingungen Jugendliche heute leben.

Natürlich ist es wichtig, wenn der fast schon totgeglaubte Kunde sich endlich meldet. Oder falls die Kollegen bestimmte Unterlagen im Büro nicht finden können, die sie gerade dringend benötigen. »Wenn ich Tätigkeiten aus Arbeit und Freizeit zu jeder Zeit und an jedem Ort durchführen kann«, warnt Hurrelmann, »dann verliere ich einen Schutzraum und kann mich nicht mehr abgrenzen.«

## Wenn der Beruf ins Privatleben platzt

Mit diesem Dilemma ist der Arbeitnehmer allerdings nicht alleine, die ganze Familie bekommt das hautnah zu spüren. Ständig grätscht das Smartphone überall rein: ins Wäscheaufhängen, in den Wochenend-Ausflug, ins gemeinsame LEGO-Spiel oder ins Vorlesen eines Buches.

Ein Beispiel: Bruno ist Berufsbetreuer, also gesetzlicher Vormund für Menschen, die nur schwer alleine Geschäfte tätigen können. Wann immer seine Klienten ein Problem haben, wenden sie sich telefonisch an Bruno. Und der hilft ihnen, wenn sie in Not sind. Oft kommt so ein Anruf, wenn er mit seiner Familie beim Abendbrot sitzt. Bruno hebt dann die Hand, damit alle leise sind und nicht mit dem

Geschirr klappern, dann geht er ran und verlässt mit seinem Smartphone die Küche.

Ein anderes Beispiel beobachtete ich neulich in einer Pizzeria: Ein vierjähriger Junge quengelt laut herum, weil seine Mutter einen Anruf nach dem anderen tätigt. Zwischendrin flötet sie immer wieder: »Mami hat gleich Zeit für dich, Mami muss nur noch schnell etwas erledigen.«

Wir alle kennen ähnliche Situationen aus eigener Erfahrung. Und natürlich ist es ein Drama, wenn heute Beruf und Familie in unserer Gesellschaft schwer unter einen Hut zu bringen sind. Aber es ist vor allem ein Drama für die Kinder. Um Missverständnisse zu vermeiden: Das ist keine Elternschelte. Nur suchen wir doch alle händeringend nach dem richtigen Maß und der richtigen Balance. Viele Eltern haben ohnehin schon oft das unangenehme Gefühl, nicht genügend Zeit für ihr Kind zu haben, und klammern sich darum an das Smartphone als Kompromisslösung. Es spricht nichts dagegen, hin und wieder in seiner Freizeit auch berufliche Dinge zu erledigen, aber sie sollten bewusst und reglementiert stattfinden.

Dennoch müssen wir uns ehrlich eine berechtigte Frage stellen: Was löst das eigentlich in Kindern aus, wenn wir sie für einen Anruf stehenlassen? Und sei es nur kurz.

Die damit vermittelte Botschaft lautet: Du bist in einer Warteschleife, das Smartphone darf alles und der Anruf ist wichtiger als dein selbstgemaltes Bild.

Natürlich müssen Kinder lernen, dass es auch andere notwendige Dinge gibt und sie manchmal warten müssen.

Wenn es die Ausnahme ist. Aber beim Smartphone leben wir auf fatale Weise etwas vor, das sich schon ein paar Jahre später rächt, sobald es von Kindern nachgeahmt wird und wir mehr oder weniger hilflos darauf reagieren.

### Finde den Fehler

Frage an die Grafikdesignerin Rita, Mutter der 12-jährigen Hella:
*Was machen Sie alles mit dem Smartphone?*
Rita: »Ich arbeite sehr viel mit dem Smartphone, auch unterwegs.«

*Was würden Sie sich im Zusammenhang mit Ihrem Kind und Smartphone wünschen?*
Rita: »Ich würde mir wünschen, dass das Smartphone nicht so eine große Rolle im Leben meines Kindes spielen würde. Tut es aber. Es beunruhigt mich, dass die Tendenz steigend ist. Ohne geht scheinbar nicht wirklich.«

### »Ja, gleich«

Weil viele von uns aber gerne arbeiten und der Job auch Spaß macht, ist es besonders schwierig, eine klare Grenze zu ziehen. »Da ich selbständig bin, hat das Smartphone einen großen Vorteil«, erzählt Olga, die ihren Lebensunterhalt als Fachjournalistin verdient. »Auch im Urlaub geht mir so kein Auftrag durch die Lappen. Da es sich mengenmäßig im Rahmen hält und mir meine Arbeit Spaß macht, stresst mich das nicht.«

Die Familie allerdings schon.

»Olga ist ein Kontrollfreak«, findet ihr Freund Thomas und schüttelt den Kopf. »Sie kann nicht mal zwei Wochen im Urlaub abschalten. Ständig hat sie ihr iPhone in der Hand.«

Thomas ist Arzt. Wenn er nicht in seiner Praxis arbeitet, dann hat er frei. Auch der Kopf.

Im letzten Spanienurlaub lag Olga am Pool und erledigte von dort aus ihre Korrespondenz und Anrufe. Ein geplanter Ausflug verzögerte sich immer weiter. Olga wollte ihre Familie nicht alleine fahren lassen, die Familie hatte aber auch keine Lust, noch länger zu warten. Die achtjährige Tochter hockte sauer mit verschränkten Armen im Schatten einer Pinie.

**Kinder sind von ihren Eltern genervt (1)**
Nicht nur Eltern regen sich über den Medienkonsum ihrer Kinder auf, sondern auch umgekehrt. »Papa, leg das Handy weg!«, lautete die Überschrift einer Geschichte in der *Hamburger Morgenpost* und zog aus einer amerikanischen Studie den Schluss, dass Eltern nicht gerade das vorleben, was sie ihren Kindern predigen. »Sohn oder Tochter«, heißt es im Artikel, »nervt die Handy- und Internet-Heuchelei. Sie sollen am Esstisch nicht am Smartphone rumspielen, während Eltern ihre E-Mails lesen.«

Besonders Kinder zwischen sechs und zehn Jahren beklagen sich darüber, dass ihre Mütter und Väter ständig am Smartphone hängen. Im Kinderradio des WDR gab es dazu eine eigene Sendung mit dem Titel »Herzfunk: Eltern ständig am Smartphone«. In der KiRaKa-Sendung beklagten sich Kinder einer Kölner Grundschule mit folgenden Worten.

> Mädchen: »Manchmal finde ich es doof, weil dann kann sie (die Mutter) auch nicht mit mir reden. Die schreibt dann nur und sagt »Jetzt nicht, jetzt nicht. Jetzt habe ich keine Zeit, ich muss Wichtigeres machen.«

> Mädchen: »Manchmal nervt das auch ehrlich, weil dann gucken wir zum Beispiel einen Familienfilm zusammen und dann hängen die alle an ihrem Handy.«

> Junge: »Wenn mein Vater gerade telefoniert, dann finde ich das manchmal nicht so cool, denn dann kann ich mit meinen Eltern nicht mehr so viel machen.«

> Junge: »Mein Vater hat ganz schön viele Handys und viele iPads für die Arbeit.«

> Junge: »Meine Mutter ist manchmal durchs Handy abgelenkt, also dass ich nicht mit ihr reden kann.«

> Mädchen: »Mein Vater beim Frühstückstisch so: ›Oh, heute hat jemand Geburtstag, da muss ich doch noch was schreiben.‹«

*Junge: »Als meine Mama das Handy ganz neu bekommen hat, hing die die ganze Zeit nur dran und hat da immer irgendwas gemacht, und wenn ich dann fünfmal gesagt habe ›Mama, Maaamaaa‹, hat sie das nicht gehört, sondern nur auf ihr Handy draufgeguckt und hat WhatsApp und so was benutzt.«*

*Mädchen: »Meine Mutter ist eigentlich dagegen, aber selbst benutzen tut sie es trotzdem eigentlich schon ziemlich viel.«*

*Junge: Meine Mutter verbringt damit so zwei oder drei Stunden pro Tag. Mich nervt das ziemlich, weil sie dann sagt ›Nein, jetzt nicht, jetzt habe ich keine Lust. Ich guck doch hier grad was auf YouTube. Jetzt warte doch mal, bis ich fertig bin‹.«*

Diesen Zitaten ist recht deutlich zu entnehmen, wie sehr sich Kinder vernachlässigt und teilweise auch verletzt fühlen. Kinder wollen wahr- und ernstgenommen werden, und es gefällt ihnen nicht, wenn ihre Eltern zwar körperlich, aber nicht geistig anwesend sind. Ihnen behagt es außerdem sehr wenig, wenn ihnen das – uns selbst aus der eigenen Kindheit als besonders unwürdig bekannte – Gefühl vermittelt wird, zu stören.

Befragungen mit Eltern haben ergeben, dass manchen von ihnen ihr übermäßiger Gebrauch schon irgendwie bewusst ist. Manche Mütter und Väter plagt darum auch das schlechte Gewissen ihren Kindern gegenüber. Aber das berufliche Pflichtbewusstsein fordert eben auch seinen Tribut. Dieses Dilemma kommt auch in der Studie »MoFam – Mobile Medien in der Familie« vom Institut Jugend Film Fernsehen e. V: Institut für Medienpädagogik in Forschung und Praxis (JFF) zur Sprache. »Viele Mütter«, heißt es darin, »sind der Meinung, dass ihr eigenes Vorbild einen Einfluss darauf hat, welche Einstellung ihre Kinder zu mobilen Medien haben und wie sie mit jenen umgehen (…). Vor diesem Hintergrund erzählen einige Mütter, dass sie versuchen, die eigene Nutzung einzuschränken und die Geräte möglichst bewusst und nur dann zu nutzen, wenn sie dies für nötig halten.« Väter sehen den Medienkonsum entspannter. »Zum Teil zeigen die Mütter Verständnis für das Verhalten ihrer Partner, erklären es beispielsweise mit der stärkeren Technikaffinität oder auch damit, dass die Väter nach einer langen Arbeitswoche sich selbst zur Entspannung den Medien zuwenden und ihren Kindern gegenüber dann schlecht konsequent sein können. Zum Teil fühlen sie sich aber auch von ihren Partnern alleingelassen, wie eine Mutter, deren Mann der zehnjährigen Tochter ein Smartphone kaufte, ohne dies mit seiner Frau, die damit gern noch gewartet hätte, abzusprechen.«

## Kinder sind von ihren Eltern genervt (2)

Es gibt noch einen weiteren Punkt, der Kinder ab einem gewissen Alter extrem stört: Wenn Eltern Fotos von den Kindern posten. Was manche Mütter und Väter niedlich finden, empfinden Kinder früher oder später als peinlich. Sie fühlen sich vorgeführt und bloßgestellt. Das ist vielen Erziehungsberechtigten nicht wirklich klar. Ein prominentes Beispiel für mangelnde Sensibilität im Umgang mit Fotos von Kindern ist die Sängerin und einstige Stil-Ikone Madonna. Die postete ein Foto von ihrem Sohn Rocco in Badehose und machte sich vor Millionen Instagram-Followern über sein »Würstchen« lustig. Den Gazetten zufolge ergriff Rocco die Flucht und zog zu seinem Vater nach England.

»Kinderfotos sind ein Riesenthema«, bestätigt die Kommunikationsforscherin Karin Knop aus Mannheim. »Ganz vielen Eltern fehlt sowohl das rechtliche Wissen als auch die Sensibilität. Eltern wissen sehr selten, dass auch die eigenen Kinder ein Recht am eigenen Bild haben. Man kann in der eigenen Selbstdarstellung als Erwachsener im Rahmen der gesetzlichen Grenzen tun und lassen, was man will. Aber man muss auch damit rechnen, dass man dafür digital ganz schön abgewatscht wird. Bei mir hört aber der Spaß auf, wenn zum Beispiel Kinderfotos unreflektiert ins Internet gestellt werden und Eltern ihren Kindern damit perspektivisch schaden und beispielsweise mit Nacktaufnahmen der Kinder Pädophilen eine Spielwiese anbieten.«

## Das Kinderwagen-Syndrom

An den ersten warmen Frühlingstagen des Jahres sitzt eine Mutter auf der Terrasse eines vietnamesischen Restaurants in Berlin-Schöneberg und stillt in der Sonne ihr Baby. In der freien Hand hält sie ihr Smartphone und schreibt mit dem Daumen beeindruckend flink Nachrichten. Als ihr Essen kommt, sieht sie zu mir auf und missversteht meinen erstaunten Blick gründlich.

Hätte mich der Anblick der stillenden SMS-Mutter genauso gestört, wenn sie ein Buch in der Hand gehalten und darin gelesen hätte? Vermutlich nicht. Dabei tauchen wir doch auch damit tief in Geschichten ein und vergessen schon mal alles um uns herum. Nur stehen hinter der Rezeption von Büchern andere Motive. Romane dienen der Kontemplation oder Unterhaltung. Bei Sachbüchern geht mehr um das handfeste Interesse an einer bestimmten Thematik. Doch im Gegensatz zum Smartphone muckst sich das Buch nicht. Es liegt einfach so rum. Auch das spannendste Buch sendet keine Nachrichten, stellt keine Anrufe durch und gibt auch sonst nicht den Takt im Leben vor.

Ein anderes Beispiel sind Eltern mit Kinderwagen. Während sie mit einer Hand schieben, halten sie in der anderen das Smartphone und können den Blick nicht davon abwenden. Irgendwie ist das auch nachvollziehbar. Denn mit seinem Kind an der frischen Luft spazieren zu gehen, kann wunderschön, aber manchmal auch wahnsinnig langweilig sein. Vor allem, wenn einem gerade andere wichtige Dinge durch den Kopf gehen. Aber wie deutet es ein Säugling oder Kleinkind, wenn Mutter oder Vater zwar körperlich anwesend sind, aber geistig anderswo?

Die Kinder- und Jugendpsychiaterin van den Hooven vergleicht das mit dem berühmten »Still Face Experiment«

des Forscherteams um den US-Entwicklungspsychologen Edward Tronick. Der untersuchte die Wirkung des regungslosen Gesichts einer Mutter auf ihr Neugeborenes. Hauptsächlich ging es darin um Mütter, die aufgrund einer postnatalen Depression nicht mehr auf die Signale ihrer Kinder reagieren konnten.

Das Baby, erzählt van den Hooven, würde alles Mögliche unternehmen, damit die Mutter reagiere: Es lacht, es weint und irgendwann macht es dann gar nichts mehr. Diese Erfahrung, die Mutter trotz aller Bemühungen emotional nicht zu erreichen, könne das Baby im Laufe der Zeit selbst depressiv machen. »So ähnlich«, sagt van den Hooven, »ist es für mich, wenn junge Mütter ihr Baby im Kinderwagen durch die Stadt schieben, dabei aber nur auf ihr Handy schauen, statt sich mit ihrem Kind zu beschäftigen. Hoffentlich hat die Mutter genug handyfreie Zeit für ihr Kind und das Baby hat genug andere Menschen um sich herum, die mit ihm gut in Kontakt treten.«

Van den Hooven ist davon überzeugt, dass Kinder andernfalls später Probleme mit sich, der Welt und den eigenen Gefühlen bekommen können. Es fände eine Abstumpfung statt wie beim Flohzirkus. »Warum funktioniert der Flohzirkus?«, fragt van den Hooven. »Die Flöhe könnten ja weghüpfen. Jemand fügt Flöhe in ein Glas und macht den Deckel drauf. Was lernen die Flöhe, wenn sie hochspringen? Sie kommen nicht raus und es tut weh, weil sie anstoßen. Irgendwann haben sie das gelernt. Dann können Sie den Deckel abschrauben, und die Flöhe springen nicht mehr heraus. So ist auch das Prinzip der Depression. Ich kann mich anstrengen, ich kann machen, was ich will, es kommt nichts dabei heraus, ich bin total hilflos. Dieses ›ich kann nichts bewirken‹ wäre in diesem Fall: ›Ich kann nichts tun, um meine Mama zu erreichen‹.«

Das ist natürlich der Extremfall. Es geht auch ein paar Nummern kleiner.

## Test: Wir sehen den eigenen Ladebalken im Auge nicht

*Mein Smartphone & ich – ein Test*

Um herauszufinden, wie der eigene Medienkonsum aussieht, können Sie jemanden fragen, der Sie und Ihr Verhalten besonders gut kennt: sich selbst.

Sobald Sie Ihrer Meinung nach eine realistische Einschätzung getroffen haben, reichen Sie das Buch an Ihren Partner weiter und lassen ihn für Sie antworten. Danach vergleichen Sie.

**Ich benutze mein Smartphone als Wecker.**

☐ Ja (3)
☐ Kommt schon vor (2)
☐ Nein, ich habe einen richtigen Wecker (1)

**Mein erster Blick geht morgens auf mein Handy und ich checke Nachrichten.**

☐ Ja, um mich auf den neuesten Stand zu bringen (3)

☐ Immer wieder mal (2)
☐ Nö, das kann warten (1)

**Ich habe mein Handy vergessen.**
☐ Dann fühle ich mich unwohl (3)
☐ Blöd, ist aber so (2)
☐ Mir doch egal (1)

**Sobald eine Nachricht kommt, schaue ich drauf.**
☐ Ja (3)
☐ Nein, nur wenn ich möchte (2)
☐ Nein (1)

**Ich überbrücke damit Wartezeiten.**
☐ Oft (3)
☐ Manchmal (2)
☐ Nö (1)

**Ich nutze das Smartphone auch beruflich.**
☐ Hauptsächlich (3)
☐ Halb beruflich, halb privat (2)
☐ Das ist nicht notwendig (1)

**Das Smartphone liegt nachts neben meinem Bett.**
☐ Klar, als Wecker (3)
☐ Kommt vor (2)
☐ Kommt nicht in Frage (1)

**Ich nutze mein Smartphone für E-Mails.**

☐ Na sicher, das ist doch der Vorteil (3)

☐ Nur auf Reisen (2)

☐ Nein (1)

**Ich wurde schon mal darauf angesprochen, es aus der Hand zu legen.**

☐ Kein Kommentar (3)

☐ Nun ja (2)

☐ Nicht nötig (1)

**Ich habe schon Urlaubsfotos gepostet oder verschickt.**

☐ Ja (3)

☐ Hin und wieder (2)

☐ Nein, aus Prinzip nicht (1)

---

**Viele Punkte**
Sie wissen es ja selbst. Sie sind ein eifriger Nutzer ihres Smartphones.

**Mittelviele Punkte**
Sie sind ein echter Künstler. In der Kunst, sich alles schönzureden.

**Wenig Punkte**
Geben Sie es doch zu, Sie haben gar kein Smartphone.

---

**Was ist mit der Aufmerksamkeit?**

Wie wichtig es ist, sich den eigenen Umgang bewusst zu machen, zeigte eine Aufnahme, die der Arzt für Kinder-

und Jugendpsychiatrie und Psychotherapie Dr. Oliver Bilke-Hentsch auf der Jahrestagung der Drogenbeauftragten vor ein paar Jahren in Berlin zeigte. Darauf ist ein Vater zu sehen, der in der Schale einer riesigen Schaukel liegt, sich wohlfühlt und auf sein Smartphone schaut. Vor der Schaukel steht seine etwa zweijährige, lockenköpfige Tochter im kurzen Jeansrock und macht einen Schmollmund. »Dieses Kind«, so lautete der trockene Kommentar des Arztes, »lernt früh zu teilen.«

Auch Erzieherinnen und Erzieher sind vom Smartphone genervt. »Wenn bei uns Eltern ihre Kinder abholen, dann telefonieren sie dabei«, beklagt sich Carola, eine Kindergärtnerin. »Wir können ihnen dann nicht erzählen, was ihre Kinder an diesem Tag Besonderes erlebt haben. Aber nicht nur das: Die Eltern begrüßen noch nicht mal ihre Kinder, sondern sind nur mit ihrem Telefon beschäftigt.«

Das Problem hat anscheinend so überhandgenommen, dass in Mecklenburg-Vorpommern eine Plakataktion ins Leben gerufen wurde. Auf einem der Plakate sitzt ein etwa einjähriger Junge in einem Kinderstuhl und hält einen Löffel in der Hand. Der Vater steht dahinter und starrt auf sein Smartphone, die Mutter sitzt beim Sohn am Tisch und kann ebenfalls den Blick nicht vom Smartphone wenden. Auf einem anderen Bild versucht ein Junge, von seiner Mutter eine Reaktion zu bekommen, doch die schaut wie der Vater hinten bei der Rutsche nur aufs Display. Text: »Heute schon mit Ihrem Kind gesprochen?«

Die Landeskoordinierungsstelle für Suchtthemen (LAKOST) in Schwerin, die zusammen mit Partnern für die

Kampagne verantwortlich zeichnet, bekam für ihre Botschaft trotz der Holzhammermethode sehr viel Lob. Viele Eltern fühlten sich ertappt und fanden es gut, für diese Problematik sensibilisiert zu werden. Mittlerweile gibt es ähnliche Maßnahmen auch in Bayern, Hessen und anderen Bundesländern.

Birgit Grämke von LAKOST erklärt die Motive hinter der Aktion. Für sie hat der Satz »Was Hänschen nicht lernt, lernt Hans nimmermehr« heute immer noch seinen festen Bestand. »Kinder bis drei Jahre«, erklärt Grämke in ihrem Schweriner Büro, »brauchen die enge Bindung zu den Eltern, den körperlichen Kontakt, die Kommunikation, den Blickkontakt, um eine sichere Bindung aufzubauen und auch selbstbewusst in die Welt hinauszugehen. Wenn die Eltern aber dem Smartphone oder anderen Medien mehr Aufmerksamkeit schenken, entsteht diese Bindung nicht. Das Kind bekommt schon früh signalisiert, dass das etwas ist, das wichtiger ist als ich. Auch wenn die Eltern telefonieren, weiß das Kind nicht, warum Mutter oder Vater lacht, weint oder schreit. Kinder denken ja immer, es habe etwas mit ihnen zu tun. Das stört natürlich dieses Bindungsgefüge. Die Größeren können auch schon mal sagen: »Mutti, nimm mal dein Handy weg!« Aber mit null bis drei Jahren kann ein Kind das nicht selbst signalisieren.«

## Was das Smartphone mit der Beziehung zu meinem Kind macht

Der dänische Familientherapeut Jesper Juul hat sich kürzlich in einem Artikel in *Fritz + Fränzi – Das Schweizer*

*ElternMagazin* zum Thema Smartphone geäußert. »Ich nenne die elektronischen Geräte ›Familienmitglieder‹, weil sie extrem viel Aufmerksamkeit auf sich ziehen und die Kultur von Familien auf eine Art und Weise verändert, welche für die auf Liebe basierenden Beziehungen zwischen Erwachsenen, Geschwistern und Eltern und Kindern ungesund ist«, schreibt Juul.

Nach Juul fühlen sich die Kinder durch die Smartphonenutzung ihrer Eltern hilflos, verwirrt und verlieren das Vertrauen zu ihren Eltern. Was Familien heute brauchen, sei Zeit, auch unverplante Zeit. »Die heutige Lebensweise macht es der Natur von Beziehungen extrem schwierig, sich zu entfalten und zu gedeihen«, findet Juul. »Jedoch können wir Inseln des Zusammenseins erschaffen, auf welchen es uns möglich ist, unsere Beziehungen neu zu starten, vorausgesetzt, dass wir unsere Smartphones nicht auf die Insel mitbringen. Wenn wir das tun, wird unsere Familie zu einem Archipel von separaten Inseln mit nicht mehr als elektronischer Kommunikation.«

Unabhängig davon ziehen noch weitere dunkle Wolken am Himmel auf. Besonders für Paare. Das Stichwort dazu heißt »Phubbing«, ein Wortspiel aus »Phone« (Telefon) und »snubbing« (brüskieren). Wenn einer der Partner einfach nicht mehr das Smartphone aus der Hand legen kann, kommt es häufig zu Konflikten. Während früher der Fernseher im Schlafzimmer als Sexkiller galt, soll das Mobiltelefon jetzt angeblich der Beziehung den Garaus machen.

Ganz ehrlich: Da würden wir die Macht des Smartphones doch stark überschätzen. Noch haben wir es selbst im Griff, wie wir mit so einem fortschrittlichen Gerät gut leben wollen. Das Ende des Abendlandes ist deswegen noch lange nicht in Sicht, und es besteht auch kein Grund zur Schwarzmalerei. Aber wir sollten trotzdem wachsam bleiben. »Wir müssen eben alle lernen, damit umzugehen«, erklärt Birgit Grämke von LAKOST MV in Schwerin. Außerdem ist es gut, wenn wir das Problem gemeinsam lösen, alle aufeinander schauen und uns gegenseitig helfen, uns zu disziplinieren.«

## 10 Punkte, wie wir bessere Vorbilder für unsere Kinder sein können

Smartphones können so nervig wie Werbeunterbrechungen sein, nur stören sie nicht den unterhaltsamen Spielfilm, sondern die Beziehung im Familienleben. Im Folgenden kommen die wichtigsten 10 Punkte zum Thema Eltern als Vorbild, die sich sich aus meinen Gesprächen mit Eltern und Experten ergeben. Vielen Familien haben sie geholfen, sind aber dennoch nur als Anregungen und nicht als Gesetze zu verstehen.

### 1. Was für ein Vorbild bin ich?
Es ist leichter, seine Kinder im Umgang mit dem Smartphone zu erziehen, wenn die Selbsterziehung gelingt und die eigene Nutzung reflektiert wird. Was lebe ich, was leben

andere Familienmitglieder vor: Lasse ich das Smartphone alles unterbrechen, oder kann ich bewusst und selbstbestimmt damit umgehen? Widerstehen lernen: Was uns beim Fernsehen gelungen ist, werden wir Erwachsenen bestimmt auch beim Smartphone schaffen.

## 2. Mut zur Autorität

Kinder wollen autoritäre Eltern. Überdenken wir den Begriff neu. Autoritär zu sein hat heute nichts mit der alten Drill- und Gehorsamsvariante zu tun. Eltern, so lautete schon die Empfehlung des Kinderpsychologen Wolfgang Bergmann, sollen für eine Ordnung sorgen. Denn: »Ohne Ordnung gibt es keinerlei Wahrnehmung«, schreibt Bergmann in seinem Buch *Gute Autorität: Grundsätze einer zeitgemäßen Erziehung* und fügt hinzu: »Schlecht erzogene Kinder sind unglückliche Kinder.«

## 3. Balance von Smartphone und Beruf überdenken

Das Smartphone ist extrem nützlich und auch aus dem Berufsleben kaum noch wegzudenken. Trotzdem sollten wir uns Gedanken machen, wie wir nach Feierabend oder in der Freizeit leben wollen. Ruhephasen sind auch im Beruf dringend notwendig, um zu regenerieren. Das Smartphone unterstützt die Selbstausbeutung und trägt sicher auch dazu bei, dass immer mehr Menschen an Burnout leiden.

## 4. Keine Fotos von Kindern posten

Ein Blick in die sozialen Netzwerke offenbart den sorglosen Umgang mancher Eltern mit den Fotos ihrer Kinder. Sicher können Bilder an Verwandte und Großeltern geschickt werden, aber doch nicht im World Wide Web oder bei Facebook gepostet werden. Wir wissen nie, was mit den Fotos geschieht oder wer an sie herankommt. Außerdem haben auch Kinder das Recht am eigenen Bild. Kurz: Knipsen ja, posten nein. Und wenn doch, dann nur in geschlossenen Gruppen der Familie. Damit die Kinder geschützt bleiben.

## 5. Kein WLAN im Urlaub

Lieber eine Ferienwohnung mit Pool als mit WLAN. WLAN verführt. Früher haben uns im Ausland nur die teilweise exorbitanten Roaming-Gebühren von der Nutzung des Smartphones abgehalten. Wir alle kennen doch das Gefühl: In den ersten drei Tagen zucken wir noch, weil wir gewohnheitsgemäß schnell die Mails checken wollen, aber dann atmen wir allmählich auf ... und sind frei. Schleichwege wie Internetcafés oder WiFi-Lokalitäten bleiben natürlich erlaubt, wenn wir nicht alle zwei Stunden wie ein Junkie dorthin pilgern.

## 6. Kein Smartphone beim Abholen der Kinder

Wenn wir Kinder aus dem Kindergarten, der Schule oder von Freunden abholen, bleibt das Smartphone in der Tasche. Telefonate können vorher oder hinterher geführt werden. Beim Abholen steht das Kind im Mittelpunkt. Wir erkundigen uns nach seinem Tag oder nach den Erlebnissen. Kinder wollen ja meistens teilen, was sie erlebt haben. Dazu müssen wir ihnen die Gelegenheit geben.

### 7. Kein Smartphone beim Kinderwagenschieben

Ein Spaziergang mit Kindern hat viele Funktionen. Zum einen kommen sie an die frische Luft, nehmen die Welt um sich herum wahr und wollen dabei, dass wir auf sie reagieren. Zum anderen zeigen wir ihnen damit, dass wir uns Zeit für sie nehmen. Ein Spaziergang ist auch immer eine gute Gelegenheit, die eigenen Gedanken schweifen zu lassen und zu entspannen. Das Handy stört dabei nur.

### 8. Kein Smartphone auf dem Spielplatz

Dieses Bild von einem Spielplatz kennt wohl jeder: Die Kinder spielen im Sand oder auf der Schaukel, die Eltern sitzen auf der Bank und wischen auf ihren Mobilgeräten herum. Sherry Turkle, Professorin für Gesellschaftsstudien zu Wissenschaft und Technik am Massachusetts Institute of Technology (MIT), gab 2016 in der *Süddeutschen Zeitung* folgenden Rat: »Verbringen Sie lieber weniger Zeit mit Ihrem Kind, aber lassen Sie das Telefon daheim, wenn Sie zum Beispiel auf den Spielplatz gehen. Gehen Sie lieber nur 40 Minuten ohne Telefon auf den Spielplatz als drei Stunden mit.«

### 9. Kein Smartphone beim Spielen oder Vorlesen

Wenn wir mit unseren Kindern vereinbart haben, miteinander zu spielen oder ihnen eine Geschichte vorzulesen, dann sollten wir uns auch verbindlich daran halten. Verlässlich zu sein gehört ebenfalls zur Vorbildfunktion. Ein jüdisches Sprichwort sagt: »Wer seine Versprechen nicht hält, bringt den Kindern das Lügen bei.«

## 10. Keine Smartphones während der Autofahrt

Die Nutzung des Smartphones während der Autofahrt ist auch mit einer gut funktionierenden Freisprechanlage eine Ablenkung. Es gibt sogar sehr viele Erwachsene, die während der Fahrt SMS schreiben. Studien zufolge haben die Verkehrsunfälle drastisch zugenommen, weil die Fahrer von ihrem Smartphone abgelenkt waren. Damit bringen wir uns und die Kinder in Gefahr.

# KAPITEL 2

## Prävention –
## Es ist nie zu spät für Schutz

*Ab welchem Alter Kinder ein Smartphone haben und
welche allgemeinen und erzieherischen Überlegungen
diesem Schritt vorausgehen sollten*

**Schlagartig 13**

Ich will ehrlich sein: Aus Gründen der Prävention waren
meine Frau und ich uns total darüber einig, den Besitz
eines eigenen Smartphones bei unserer jüngsten Tochter
(damals 11) so weit wie möglich hinauszuzögern. Auch auf
die Frage, wann sie den Zugang zu unserem WLAN erhält,
hatte ich eine Antwort parat: »Wenn du 13 Jahre alt bist«,
erklärte ich.

Bestimmt hätte mein entschlossener Tonfall darauf
schließen lassen, dass meine konkrete Altersangabe auf
einer umfassenden Durchforstung neuester Forschungsergebnissen beruhte. Auch hätte ich damit argumentieren
können, dass Facebook, Instagram, WhatsApp und Snapchat ohnehin erst ab 13 Jahren offiziell erlaubt sind. Der
wahre Beweggrund sah allerdings viel trivialer aus. Mein
Diktum ging vielmehr von der völlig irrationalen väter-

lichen Vorstellung aus, dass es noch eine Ewigkeit dauern würde, bis das Mädchen 13 Jahre alt würde. Das gab uns, dachte ich seinerzeit jedenfalls, noch mal zwei Jahre Aufschub. Und dann schenkten ihr gute Freunde von uns ein aussortiertes iPhone. Einfach so.

Natürlich hätten wir diese Überrumplungsaktion in aller Ruhe aussitzen und warten können, bis sie das 13. Lebensjahr erreichte, um an unserem Plan festzuhalten. Doch wusste ich genau, wann ich mich geschlagen geben musste.

## Drei Gründe, warum Prävention so wichtig ist

**1. *Schutz:*** Prävention bedeutet in erster Linie, die Weichen in der Medienerziehung so zu stellen, dass Kinder einerseits vor Gefahren geschützt sind. Dazu zählen unter anderem exzessiver Konsum, Suchtgefahr, bedenkliche Inhalte, Abzock- und Abofallen bis hin zu Kontaktaufnahmen in App-Spielen durch pädophil veranlagte Menschen und noch eine Menge Übles mehr.

**2. *Stark machen:*** Prävention ist anderseits aber auch das Starkmachen von Kindern, indem wir ihre Kompetenzen, ihre Kreativität im Umgang mit Medien und ihre Fähigkeit zur Selbstregulierung fördern. Es liegt an uns, Kindern früh zu zeigen, ob Tablets und Smartphones zur Unterhaltung und somit dem reinen Konsumverhalten dienen, oder ob wir ihnen damit eher ein mächtiges Werkzeug an die Hand geben wollen, das der Schraubenschlüssel zum Internet als freies und demokratisches Gestaltungsmedium ist.

Wer als Kind einmal diesen Unterschied und die Macht des Gestaltens begriffen hat und praktiziert, wird sich mit der bloßen Berieselung nicht mehr zufriedengeben.

**3. *Je früher, desto besser:*** Prävention ist aber noch aus einem anderen Grund unglaublich wichtig: Ein Kind, das von klein auf weitgehend regelfrei mit Smartphone und Tablet herumhantieren durfte, lässt sich später im Teenager-Alter nur wenig bis gar nichts mehr sagen. Was dann bleibt, sind genervte Eltern, genervte Kinder und ein bisschen Türenknallen.

Darum gilt die Maxime: Je früher Prävention, desto besser.

## Sind Smartphones überhaupt gut für Kinder?

Das ist die vollkommen falsche Frage. Denn Kinder kommen mit Smartphones schon deutlich früher in Berührung als mit anderen Medien. Bereits bei der Geburt werden Neugeborene damit fotografiert, damit das Bild im Familien- und Freundeskreis die Runde macht. Manche Verwandte begnügen sich auch nicht damit, dem Säugling eine Rassel oder ein Stofftier zu kaufen, sondern bringen als Präsent ein Spielzeug-Smartphone von Fisher-Price mit.

Hin und wieder dürfen Kleinkinder auch mal an Mamas oder Papas Apparat und sie mit »Hallo, hallo«-Rufen imitieren. Manche Einjährige spielen auf dem Autorücksitz erste Apps. Ältere Kinder haben entweder schon ein eigenes Gerät oder bekommen irgendwann eins.

Darum lautet die richtige Frage eher: Wie wollen wir damit umgehen?

Nur ist diese Auseinandersetzung gar nicht so einfach. Denn obwohl heutzutage fast jeder Erwachsene ein eigenes Smartphone benutzt, driften die Meinungen dazu stark auseinander. Schlimmer noch: Diese Problematik lenkt geradezu mitten in ein ideologisches Minenfeld hinein.

**Bloß nicht: Die blinden Ablehner**

Auf der einen Seite stehen die blinden Ablehner, die alles gnadenlos verteufeln. Gerade bei kleinen Kindern, so ihre Sorge, würde sich die Entwicklung des Gehirns verzögern. Und wenn sich Kinder wegen ihres Umgangs mit diesen Geräten weniger bewegen, hätte dies zudem später negative Folgen für das Lesen und Lernen. Zu den weiteren Problemen zählen entweder Schwierigkeiten mit dem Einschlafen oder reiner Schlafmangel. Bei der Beschäftigung mit für ihr Alter unangemessenen Inhalten kommen auch noch Ängste und Alpträume vermehrt hinzu. Sogar Psychosen, behaupten manche Experten, können auf diese Weise ausgelöst werden.

Auch Kinderärzte schlagen Alarm. In der BLIKK-Studie 2017 wurden Eltern und Kinder befragt. In ihr gehen die Mediziner davon aus, dass Kinder bis 12 Monate an Fütter- und Einschlafstörungen leiden können, wenn die Mutter sich um ihr Kind kümmert und gleichzeitig etwa das Smartphone nutzt. Weiterhin stellen die Kinder- und Jugendärzte in ihrer Studie fest, dass Kinder zwischen zwei und fünf Jahren schon bei 30 Minuten täglicher Nutzung des Smartphones zu deutlich höherer motorischer Hyperaktivität, Konzentrations-, Sprach- und Entwicklungsstörung leiden können. Bei den acht- bis 13-Jährigen sieht es ganz ähnlich aus, nur dass sich neben der Mediennutzung noch ein erhöhter Genuss für Süßigkeiten und damit einem Hang zu Übergewicht hinzugesellt. In beiden Altersgruppen bahne sich zudem Unruhe und Ablenkbarkeit ihren Weg. Darüber hinaus weist die Studie darauf hin, dass Jugendliche auch merken, wie ihnen selbst die Kontrolle über die Nutzung mehr und mehr entgleite. An all diesen durch medizinische Studien und wissenschaftliche Untersuchungen belegten Thesen ist durchaus etwas dran. Darum sind ja so beunruhigend.

Zum Beispiel warnt der bekannte Ulmer Hirnforscher Prof. Dr. Manfred Spitzer eindringlich davor, dass Smartphones bei Kindern zu schlechteren Noten, extremem Suchtverhalten und »digitaler Demenz« führe. Wenn ein Wissenschaftler seines Kalibers solche Thesen wortstark in Büchern und Talkshows vertritt, dann hat das Gewicht und macht Angst. Aber auch ratlos. Wer Spitzers Studien und Bücher kennt, weiß, dass der Mann ein äußerst kluger Gelehrter ist. Nur die recht schroffen Schlüsse, die der Hirnforscher als Mahner und Warner für eine ganze Gesellschaft und speziell im Zusammenhang mit Kindern aus seinen Forschungsergebnissen zieht, sind nicht immer nachvollziehbar. »Es gibt viele Leute«, erklärt Spitzer in seinem Buch *Digitale Demenz*, »die mit den digitalen

Produkten sehr viel Geld verdienen und denen das Schicksal von Menschen, insbesondere von Kindern, egal ist. Man kann zum Vergleich durchaus die Waffenproduzenten und -händler anführen, deren Geschäft bekanntermaßen der Tod anderer Menschen ist.«

Ganz schön krass! Aber vielleicht sind solche Provokationen gar nicht so schlecht, um uns generell zum Nachdenken anzuregen.

Prof. Spitzers Argumente haben allerdings auf seine Klientel leider eine ganz und gar ineffektive Wirkung: Statt sich vom renommierten Hirnforscher aufgerüttelt mit dem Thema ernsthaft auseinanderzusetzen und sich auch inhaltlich auf den Weg zu machen, lehnt sich ein Teil seiner Leser lieber mit verschränkten Armen zurück, da er ja schon immer gewusst hat, wie schlecht und gefährlich die Internet- und Computerwelt ist.

Nur nützen Spitzers Aussagen Eltern in ihrer alltäglichen Erziehungsarbeit sehr wenig, und ihnen hat er auch keine praktikablen Lösungen anzubieten. Das ist schade. Meiner Meinung nach sieht das grundsätzliche Problem mit Spitzers Thesen so aus: Sobald es um Kinder geht, verweigert der Hirnforscher den Neuen Medien ihren Status als Kulturtechnik.

Was sollen wir denn jetzt tun? Sicher, eine Kindheit ohne Smartphone, Internet und Fernseher ist möglich – nur eben verdammt unrealistisch.

**Alles überhaupt kein Problem: Die blinden Befürworter**

Auf der anderen Seite stehen die blinden Befürworter, die in Smartphones und Tablets überhaupt keine Probleme sehen. Zwar erkennen sie die neue Kulturtechnik ohne großes Wenn und Aber an, wedeln aber dafür wie religiöse Eiferer mit der Flagge der Medienkompetenz herum. Ginge es nach so manchen Technikbegeisterten, Medienpädagogen und Mama-Bloggerinnen, könnten Kinder gar nicht früh genug an diesen Geräten tätig werden. Überall schießen zudem Pilotprojekte mit Tablet-Kindergärten und Tablet-Schulklassen aus dem Boden. Die technische Ausstattung wird dabei häufig mit dem Füllhorn ausgeschüttet, nur an entsprechenden Konzepten herrscht oft eklatanter Mangel. Und wenn Manfred Spitzer hinter diesen Aktionen den langen Arm der Industrie wittert, die mit Bildungshäusern ihre Geschäfte abschließen wollen, mag er damit auch nicht ganz Unrecht haben.

Das war übrigens schon damals bei der Einführung der Lernsoftware so. Plötzlich erhielten Schulen über Nacht nagelneue Computerräume mit nagelneuen Netzwerk-Betriebssystemen. Dummerweise kannte sich kaum jemand im Lehrerzimmer damit aus; zudem liefen 90 Prozent der auf dem Lernsoftware-Markt befindlichen Titel nicht darauf, weil die Produkte der Schulbuchverlage mehr auf den Lernnachmittag und die Eltern als Käuferzielgruppe abzielte. Und Konzepte? Fehlanzeige. Dafür bekamen Lehrkräfte bei zahlreichen von Technologieriesen veranstalteten Fortbildungen Office-Pakete geschenkt.

Auch die blinden Befürworter arbeiten übrigens gerne mit den ganz großen Angstszenarien: Wer als Kind nicht früh genug an die Welt der digitalen Technik herangeführt wird, heißt es dann, verliert später in Schule, Studium und Beruf mit Sicherheit den Anschluss. Weil aber Deutschland nicht nur das Land der Dichter und Denker, sondern auch noch der Erfinder und Ingenieure ist, wird zudem unseren Kindern nichts Geringeres als die Rettung des Technologiestandorts Deutschlands aufgebürdet. Schließlich stammen ja fast alle Errungenschaften des Internetzeitalters von US-Firmen wie Google, Facebook oder Microsoft. Mit dem Elektroauto steht bereits das nächste wirtschaftliche Debakel vor der Tür. Tesla ist deutlich weiter als deutsche Mobilhersteller.

Und jetzt sollen es die Kinder richten? Dabei werden sie von den blinden Befürwortern verbal zu *Digital Natives* erhöht, weil sie ja von Geburt an mit diesen modernen Techniken aufwachsen, während wir Erwachsenen uns gleichzeitig zu *Digital Immigrants* degradieren lassen – einer anglistischen Formulierung für tumbe Analog-Dumpfbacken, die ahnungslos, unwillig und schwerfällig dem Fortschritt hinterherstolpern.

Wenn es nur so einfach wäre …

Folgerichtig gibt es auch bei den blinden Befürwortern reichlich Untersuchungen, die – wenig überraschend – nur die positiven Seiten der Entwicklung preisen. Bloß wäre ebenso wie bei den blinden Ablehnern stets ein gesundes Misstrauen angebracht. Schon früher gab es zum Beispiel eine Studie, die belegen wollte, dass Chirurgen, die eine

Spielkonsole in ihrer Freizeit nutzen, besser operieren können. Wer würde sich denn bei einer OP, kurz bevor einen das Narkotikum ins Reich der Träume abschießt, noch schnell beim operierenden Arzt erkundigen, ob er am Abend zuvor auch fleißig »SuperMario« gespielt hat?

**Was nun? Was tun?**
Die Wahrheit liegt wie immer irgendwo in der Mitte. Natürlich bieten Neue Medien mehr Chancen als Gefahren. Und natürlich führt übermäßiger und unkontrollierter Medienkonsum zu Schäden an Körper und Geist. Das unterscheidet das Smartphone in keiner Weise vom Fernsehen, von Computerspielen, Fast Food oder Süßigkeiten. Wie immer kommt es auf das richtige Maß, aber auch auf feste Regeln (siehe Seite 137) und auf die notwendige Kontrolle an.

Mein persönlicher Rat aus eigener Erfahrung lautet: Nerven behalten. Wir Eltern dürfen Gefahren nicht fahrlässig unterschätzen, sie aber auch nicht dramatisch überhöhen. Fest steht jedenfalls, dass wir Eltern sehr wohl ein Recht dazu haben, uns Sorgen zu machen, ohne uns dabei als unwillige, ewiggestrige Technikmuffel hinstellen zu lassen. Es liegt doch vollkommen auf der Hand, dass wir uns fragen, was denn bitte aus jenen Kindern werden mag, die so eng mit dem Smartphone aufwachsen und permanent *on* sind? Reguliert sich denn dieses suchtähnliche Verhalten irgendwann von selbst? Tappen auch sie später einmal in die verhängnisvolle Falle der ständigen Erreichbarkeit, in der es zur unglücklichen Vermischung von Freizeit und

Beruf kommt? Mag es ihnen vielleicht eines Tages auch so ergehen wie vielen Erwachsenen schon heute, die an Stress und Burnout leiden? Wir wissen es nicht.

Aber aktuelle Beobachtungen und Entwicklungen geben zu ungebrochenem Optimismus keinen Anlass. Genau darum ist es enorm wichtig, gewissenhaft zu überlegen, ob, wann und warum Kinder ein eigenes Smartphone haben sollten.

### Erst denken, dann schenken – ein paar grundsätzliche Überlegungen

Machen wir uns nichts vor: Smartphones sind die neuen Handys. Dass sie heute längst zum Standard zählen, dürfte auch schon bei unseren Kindern angekommen sein und bestimmt längst ihre Wünsche. Verständlicherweise müssen nicht alle glühenden Bedürfnisse kaum ausgesprochen schon erfüllt werden. Wer sie jedoch in diesem speziellen Fall überhört und seinem Kind stattdessen ein ganz gewöhnliches Tasten-Handy schenkt, braucht sich nicht zu wundern, wenn es sich dann nicht freut. Hinzu kommt der soziale Druck: Freunde, Schulkameraden, einfach alle laufen heute mit den aktuellen Modellen herum. Als wirklich überzeugende Argumente, ihnen ein eigenes Smartphone zu überlassen, reicht das beileibe nicht aus. Trotzdem fällt es Eltern schwer, sich diesem allgemeinen Zugzwang zu entziehen.

Bevor Kinder jedoch ein eigenes Smartphone bekommen, schadet es nicht, uns noch einmal ein paar ganz grundsätzliche Dinge ins Bewusstsein zu rufen.

# Fünf Dinge, die wir wissen müssen

**1. Smartphones wurden für Erwachsene konzipiert**
Als der selige Steve Jobs seinerzeit mit seinem Team am ersten iPhone herumbastelte, hatte er bestimmt keine fröhlich vor sich hin stiefelnden Grundschüler mit Prinzessin-Lillifee-Ranzen als Zielgruppe im Sinn, sondern einen weitaus solventeren Kundenstamm. Wie schnell dann die Geräte trotzdem in Kinderhände gerieten, dürfte den gewieften Geschäftsmann gefreut haben. Nur steht das auf einem völlig anderen Blatt.

Prof. Dr. med. Thomas Kammer ist Hirnforscher an der Ulmer Universität und arbeitet in der Sektion für Neurostimulation in der Klinik für Psychiatrie und Psychotherapie III. Als Wissenschaftler und Vater hat er Bedenken, nachvollziehbare Bedenken, einem Kind ein Smartphone zu überlassen.

»Ich finde es schwierig«, so Kammer im Gespräch, »wenn Kinder so ein Instrument in die Hände bekommen. Kinder erhalten ja auch sonst keine Dinge, mit denen sie nicht umgehen können. Sie dürfen ja auch nicht Auto fahren. Und sie dürfen zunächst auch nicht im Straßenverkehr Fahrrad fahren, obwohl sie das gerne möchten. Aber sie können es eben noch nicht. Kinder können noch nicht verantwortungsvoll mit allen Funktionen eines Smartphones umgehen.«

*Sehen Sie außer der Altersreglementierung noch eine andere Lösung?*

Prof. Kammer: »Die erste Frage muss sein: Wie wollen wir denn überhaupt miteinander leben? Da müssen wir bilanzieren, was tatsächlich die jeweiligen Vorzüge und Gefahren sind. Wie wollen wir damit umgehen? Ist es das wirklich Wert, diese Benefits zu haben?«

*Könnten Sie das bitte näher ausführen?*

Prof. Kammer: »Es ist tatsächlich ein Gewinn, wenn ein Kind mit einem mobilen Telefon ausgestattet ist. Dann lässt man es möglicherweise früher alleine im Alltag unterwegs sein. Es ist einfach für Eltern schön, wenn sie wissen, dass ihr Kind jederzeit anrufen kann, wenn es ein Problem hat. So machen wir das zu Hause auch. Unsere Kinder dürfen, sobald sie lesen können, mit einem Mobiltelefon alleine mit dem Bus zu normalen Tageszeiten in die Stadt fahren. Das ist wirklich eine schöne Sache. Aber wenn sie jetzt die ganze Zeit im Bus nur auf das Smartphone starren und herumdaddeln würden, dann wäre der damit ausgelöste Schaden diesen Benefit nicht wert. Deshalb dürfen unsere Kinder das nicht. Die haben tatsächlich Smartphones, aber ohne Datennetz. Sie können nur telefonieren. Sie wissen, dass sie nicht die ganze Zeit drauf rumspielen dürfen, und machen das auch nicht.«

*Eltern wollen ja eigentlich das Smartphone für ihre Kinder, um sie zu kontrollieren.*

Prof. Kammer: »Wenn die Kontrolle darin besteht, dass

Eltern ständig ihre Kinder anrufen wollen, oder ansimsen, finde ich das schrecklich. Wir haben unseren Kindern beigebracht, dass sie ihr Telefon richtig ausstellen, also runterfahren, wenn sie es nicht zum Telefonieren benutzen. Dann können wir sie auch nicht anrufen. Aber sie können sich melden, wenn sie ein Problem haben. Klar, das ist völlig uncool. Aber dieses eingeübte Verhalten klappt in der Praxis erstaunlich gut, und hat sich bei unserer Ältesten mit 13 Jahren auch auf das Smartphone übertragen. Sie hat kein Datennetz, ist aber in WhatsApp-Gruppen. Die liest und beantwortet sie manchmal zu Hause im häuslichen WLAN. In der Schule ist das sowieso nicht erlaubt und am Nachmittag ist sie immer unterwegs, ohne WhatsApp.«

## 2. Smartphones sind kein Kinderspielzeug

Dafür können sie zu viele Dinge, die von Kindern nicht genutzt werden, und sie dringen mit Hilfe des Internets in unsichere Bereiche vor, die ihnen unter Umständen seelischen und monetären Schaden zufügen können. Beides dürften wir nicht ernsthaft befürworten. Kinder gelangen mit Hilfe eines Smartphones nun mal deutlich früher ins World Wide Web. Und sobald dieses Tor zum Internet geöffnet wurde, lässt es sich auch nicht wieder schließen. Das erinnert nicht nur von ungefähr an die Büchse der Pandora.

Und bitte: Als der Zugang zum Internet nur über den Computer möglich war, hatten Eltern noch größere Vorbehalte und suchten nach sicheren Lösungen, um ihre Kinder vor schlimmen Seiten zu schützen. Seltsamerweise herrscht da heutzutage eine viel größere Sorglosigkeit, die sich allerdings durch nichts intelligent begründen ließe.

Auf die konkreten Gefahren mit Smartphones in Kinderhänden geht dieses Buch immer wieder ein.

### 3. Smartphones kosten viel Geld

Sogar sehr viel Geld. Für ein reines Kinderspielzeug fallen die technischen Wunderdinger schlichtweg zu kostspielig aus. Prepaid-Vertrag oder Flatrate-Bindung sind heute zeitgemäße Synonyme für eine heimliche Taschengelderhöhung. Und ähnlich wie beim Taschengeld setzen Kinder ihre Eltern mit Smartphones und Verträgen ihrer Freunde und Mitschüler unter Druck: Der eine hat das neuste iPhone, der andere die super duper Endlos-Flat. Es mag schwer sein, diesen Forderungen standzuhalten, aber es ist notwendig. Denn wir können dieses Wettrennen nicht gewinnen. Smartphones sind zudem sehr empfindlich. Wer einmal in die marmorierte Fläche eines zersprungenen Displays geschaut hat, weiß, wovon die Rede ist. Des Weiteren gehen die Geräte auch schnell mal verloren oder sie werden in der Schule gestohlen, wovon hauptsächlich Versicherungen profitieren. Denn sobald ein Mobilfunkvertrag abgeschlossen wird, offerieren uns die Händler auf ebenso geschickte Weise Geräteversicherungen und Garantieverlängerungen. Gegen Bezahlung, versteht sich.

### 4. Kinder lieben Smartphones

Sicher, es gibt viele technische Errungenschaften für Erwachsene, die Kinder mitbenutzen dürfen. Den Toaster zum Beispiel. Aber das ist noch lange kein Grund, ihnen einen eigenen Toaster zu kaufen.

## 5. Kinder sind mit dem Smartphone immer »on«

Wer kann sich noch an Zeiten erinnern, als jedes Mal extra das Modem eingeschaltet werden musste, um ins Internet zu gelangen? Seit der Einführung der Internetflat gibt es wohl kaum jemanden, der seine Fritzbox regelmäßig ein- und ausschaltet. Das Internet bleibt wie der Kühlschrank Tag und Nacht an. Mit dem Smartphone verhält es sich genauso, nur dass das Internet auf Schritt und Tritt dabei ist. Die Folgen bei Erwachsenen wurden im ersten Kapitel ausführlich dargestellt. Wollen wir das wirklich bei unseren Kindern?

### Immer früher bekommen Kinder ein Smartphone

»Das ist definitiv so«, bestätigt Dr. Karin Knop von der Universiät Mannheim. »Diese Tendenz zur Verjüngung ist tatsächlich empirisch auch nachweisbar, das zeigen auch die Kinder- und Jugend-Medienumgangsstudien KIM und JIM des Medienpädagogischen Forschungsverbund Südwest. Der Besitz von Smartphones rückt immer weiter nach vorne, die Ausstattung mit nicht online-fähigen Handys ebenso. Während unserer Studie wurde noch beim Übergang zur weiterführenden Schule auf das Smartphone umgestiegen. Aber ich bin mir sehr sicher, dass das seitdem wieder um ein bis zwei Jahre nach vorne gerückt ist.«

*Woran liegt das?*

Dr. Knop: »Das hat viel mit älteren Geschwisterkindern zu tun, sodass auch die jüngeren Kinder schon entsprechend früher Smartphones haben möchten. Ein starker Motor für die frühe Anschaffung von Smartphones liegt aber auch an der breiten Nutzung von WhatsApp, einem Dienst, der nur mit online-basierten Handys funktioniert.«

*Geht diese Entwicklung auch von den Eltern aus?*

Dr. Knop: »Nein, es ist eindeutig der immer früher aufkommende Wunsch der Kinder selbst. Wer sich über soziale Medien vernetzen will, braucht eben ein Smartphone. Von Elternseite her basiert diese Ausstattung mit Geräten mehr auf Sicherheitsaspekten: Wissen wollen, wo das eigene Kind ist. Sich verständigen können, wenn mal eine Stunde ausfällt. Das ginge allerdings auch mit einem alten und auch günstigeren Offline-Handy.«

*Kinder können sich ja alles wünschen, aber wieso wird dieser Wunsch immer früher erfüllt?*

Dr. Knop: »Dafür habe ich großes Verständnis. Es gab ja auch früher diese Markenklamotten-Diskussionen: Mein Kind muss selbstbewusst sein und auch ohne Markenklamotten Anerkennung im Klassenverband oder Freundeskreis bekommen. Aber in dieser Frage gibt es einen ernstzunehmenden Unterschied: Wenn das Kind kein Smartphone bekommt, wäre das ein Prozess der kommunikativen Ausgrenzung.«

*Können Sie das näher erklären?*

Dr. Knop: »Wenn sich die ganze Klasse oder der Freundeskreis über WhatsApp verständigt, dann bekommt das Kind ohne Smartphone nicht mit, wann sich der Freundeskreis zum Schwimmbad verabredet. Sogar Lehrer nutzen ja die Kanäle, obwohl es eigentlich verboten ist, und dann werden Kinder von ganz relevanter Kommunikation und Informationen wie ausfallenden Schulstunden oder Klausurenstoff ausgegrenzt. Darum ist die Notwendigkeit, den Wunsch zu bedienen, höher geworden.«

*Aber oft sind diese Wünsche auch industriegetrieben ....*

Dr. Knop: »Für mich gibt es da zwei Stränge. Wenn mein Kind jährlich das neueste Modell für 300 Euro haben möchte, dann sehe ich da eine Parallelität zum Markenklamotten-Diskurs und würde das ablehnen. Ich würde meinem Kind gegenüber argumentieren, dass es nicht jedes Jahr ein neues Modell braucht. Die Funktionalität ist wichtiger als das Statussymbol. Schon allein aus Umweltschutzgründen wegen der Elemente, die benötigt werden, um ständig neue Handys zu produzieren. Bei dem zweiten Punkt bleibe ich aber dabei, mein Kind nicht kommunikativ vom Freundeskreis auszugrenzen. Da würde ich mich als Elternteil unterwerfen.«

**Warum haben Kinder ein Smartphone?**
Eine kleine Auswahl.
Bitte ankreuzen.

- ☐ Damit sie für uns erreichbar sind
- ☐ Damit sie uns erreichen können
- ☐ Weil alle eins besitzen
- ☐ Um Musik zu hören
- ☐ Um zu spielen
- ☐ Um YouTube anzusehen
- ☐ Um Selfies zu schießen
- ☐ Um sich erwachsener zu fühlen
- ☐ Um mit Freunden über WhatsApp, Snapchat und Instagram in Kontakt zu bleiben
- ☐ Sonstiges

**Warum haben Kinder tatsächlich ein Smartphone?**

Ganz einfach: weil wir es ihnen kaufen. Bislang ist es glücklicherweise noch nicht so weit, dass ein zehnjähriger Knirps in einen Laden stürzt, einen Bündel Scheine auf den Tresen knallt und einen eigenen Mobilfunkvertrag abschließt. Eigentlich läuft das sogar noch banaler ab: Kinder rutschen in den Smartphonebesitz einfach so rein, denn sie bekommen die alten Smartphones ihrer Eltern, wie früher die jüngeren Geschwister die zerschlissenen Klamotten des älteren Bruders oder der älteren Schwester. Wenn Töchter oder Söhne ein eigenes Gerät bekommen, liegt das nicht selten an den Vätern, die bereits ein Auge auf das Nachfolgemodell ihres Smartphones geworfen haben und nun nach einer plausiblen Legitimation suchen. Etwa so:

**Ein loriotsches Dramolettchen**

*Vorhang öffnet sich.*

*Eine Familie. Beim Abendbrot am Tisch. Von draußen ist leise Regen zu hören.*

*Vater:* Seit dem neuen iPhone 7 gibt es keinen Kopfhöreranschluss mehr, sondern EarPods. Ohne Kabel!!

*Mutter:* Wo soll denn da bitte der Vorteil sein? Die Kabel sind doch das Einzige, warum du die verdammten Dinger überhaupt wiederfindest.

*Vater:* Außerdem ist das neue iPhone auch wasserdicht.

*Mutter:* Was?! Willst du jetzt auch noch unter Wasser telefonieren?

*Vater:* Und 'ne bessere Kamera hat es auch.

*Mutter:* Aber dein iPhone 6s ist doch noch total gut.

*Vater:* Richtig, das kannst du ja dann haben.

*Mutter:* Wozu? Ich bin mit meinem alten Backstein-Handy noch ganz wunderbar zufrieden.

*Vater:* …

*Mutter:* Ehrlich, mir reicht das vollkommen.

*Stille. Nur der Regen ist zu hören.*

*Kind:* Hallooo! Kann ich es denn dann nicht haben?

*Vorhang.*

## Darum sind Eltern in puncto Smartphone häufig überfordert

Zugegeben, vor Smartphones und Tablets ging alles in der Erziehung ein wenig einfacher zu. Computer oder Fernseher hatten ihren fest verankerten Standort und blieben so noch einigermaßen in unserem Sichtfeld unter Kontrolle. Doch heute dürfen wir eine gänzlich neue Erfahrung machen:

Wer etwa ein Kind und ein Tablet hat, der *hatte* ein Tablet.

Ähnliches gilt für das Smartphone. Die Mobilität dieser Geräte stellt uns Eltern immer wieder vor neue erzieherische Herausforderungen.

»Wie soll ich denn das schaffen?«, fragte eine verzweifelt klingende Mutter bei einem Elternabend in Malchin in Mecklenburg-Vorpommern. »Die Entwicklung ist so rasend schnell, da komme ich nicht hinterher. Irgendwie komme ich mir nur hilflos vor, weil ich keine Chance sehe, hier jemals einen festen Wissensstand zu erreichen.«

Sicher, diese Überlastung kennen viele Eltern. Aber auch unsere eigenen Eltern waren schon überfordert, wenn es seinerzeit um Rockmusik, Punk, Drogensucht, Sekten oder Computerspiele ging. Jede Elterngeneration hat eben ihre ganz spezielle Verzweiflung.

Aber damals wie heute gilt nur eine Maxime, wenn wir unsere Kinder schützen, fördern und begleiten wollen: Kneifen gilt nicht. Und je früher wir anfangen, uns damit auseinanderzusetzen, desto besser.

**Was ist denn das richtige Alter für ein eigenes Smartphone?**

Manche allgemeine Empfehlung lautet, Kinder erst nach dem Ende der Grundschule und zum Übertritt auf die neue Schule mit einem Gerät auszustatten. »Ich finde es sehr schwer, klare Altersregelungen zu benennen«, meint Dr. Karin Knop von der Uni Mannheim. »Aber den Übergang von der Grund- zur weiterführenden Schule halte ich schon für ein gutes Alter, weil Kinder dann eigentlich ganz gut mit Internetinhalten klarkommen. Häufig lernen sie das Internet auch schon daheim über Tablets oder stationäre PCs kennen. Das Wichtigste ist die frühzeitige Vorbereitung auf das Thema und die medienerzieherische Begleitung der Internet- und Smartphoneaneignung.«

*Wie frühzeitig?*

Dr. Knop: »Wir bekommen jetzt schon mit, dass die Dreijährigen auf Tablets ›Sandmännchen‹ und andere Videos anschauen. Darum muss die Begleitung sehr früh aktiv vonstattengehen. Ich muss als Elternteil auch Sorge dafür tragen, dass mein Kind nicht mit jugendgefährdenden oder schädigenden Inhalten in Kontakt kommt. Hierzu kann ich Vorkehrungen treffen: Suchmaschinen wie zum Beispiel Blinde-Kuh für Kinder auswählen und zeitliche Reglementierungen einführen. Außerdem sollte ich mit meinem Kind durchgängig im Dialog bleiben, um zu klären, was gerade faszinierend ist, welche Bedürfnisse es gibt, welche Angebote geeignet und welche ungeeignet sind. Wenn man das möglichst früh startet, dann ist ein

Kind im Übergang von der Grund- zur weiterführenden Schule auch mobil so weit, um auch außerhalb der Einflussnahme der Eltern online mit Inhalten in Kontakt zu kommen.«

Der Psychologe Dr. Klaus Wölfling hat ähnliche Ansichten, allerdings aus anderen Gründen. Er hält das Eintrittsalter von 12–13 Jahren für gut, weil digitale Medien bei jüngeren Kindern die Bildung der Nervenbahnen im Gehirn zu stark beeinflussen können. »Wir wissen ja aus der Psychologie, dass eben diese Bahnungen im Gehirn, die sich im frühkindlichen Alter bilden, viel länger anhalten und viel intensiver sind«, sagt der psychologische Leiter der Ambulanz für Spielsucht an der Klinik und Poliklinik für Psychosomatische Medizin und Psychotherapie der Universität Mainz. »Wenn Kinder schon sehr früh mit dieser Verlockung und den tausend Möglichkeiten konfrontiert werden«, fährt er fort, »dann ist es wahrscheinlicher, dass Sie sich später im Erwachsenenalter schwerer davon lösen können. Darum ist der späte Einstieg mit 12 Jahren für den Besitz und die Nutzungszeit schon mal eine Empfehlung, auch wenn es dazu keine wissenschaftlichen Erkenntnisse gibt.«

**Bei der Altersfrage kommt es immer auf das Kind an**
Die richtige Antwort auf die Frage nach dem richtigen Alter lautet: Das *richtige Alter* gibt es nicht. Das eine Kind ist vielleicht mit acht Jahren ein gewiefter Technikus, der mit verbundenen Augen und einem Schraubenzieher zwischen

den Zähnen Smartphones auseinandernehmen und wieder zusammensetzen kann, das andere mag möglicherweise mit acht Jahren noch sehr verträumt sein und schwebt immer zehn Zentimeter über dem Erdboden. Auch die besten Ratschläge der Fachleute helfen einem nicht weiter, wenn sich Eltern dazu nicht ihre Kinder genau anschauen. Sind Sie denn nicht auch der Meinung, dass Ihr Kind das schönste, beste und klügste auf der ganzen Welt ist? Und sind Sie nicht ebenso der Meinung, dass es mit keinem anderen Kind vergleichbar ist? Und warum wollen Sie dann beim Thema Smartphone für alle Kinder eine verbindliche Empfehlung annehmen?

Die Menschen sind nun mal alle verschieden, auch die Kinder. »Wir denken und handeln, als ob wir alle gleich wären, alle die gleichen Bedürfnisse hätten und alle das Gleiche leisten könnten«, schreibt der Arzt, Kindheitsforscher und Professor für Kinderheilkunde Remo Largo in seinem Buch *Das passende Leben*. Und er fügt hinzu: »Dem ist aber ganz und gar nicht so.«

Gerade in Bezug auf Kinder plädiert der Schweizer seit Jahrzehnten, ihre Individualität zu respektieren und zu lieben. Die Unterschiedlichkeit der Menschen ist doch etwas Wunderbares, selbst wenn es im Alltag mit Nachbarn und Kollegen auch mal anstrengend sein kann. Die Akzeptanz der Individualität ist für uns Eltern vor allem eins: eine große Entlastung. Denn sein Kind zum Beispiel an den schulischen Leistungen der anderen zu messen, macht nur unglücklich. Eltern *und* Kinder.

**Wann sind Smartphones und Tablets sinnvoll?**
**Und wann nicht?**

**0–2 Jahre**
In diesem frühen Alter sollten kleine Kinder überhaupt nicht mit Tablets oder Smartphones in Berührung kommen. Selbst wenn explizit Apps und eigene Tablets für dieses Alter angeboten werden. Bei Säuglingen und Kleinkindern bis zu zwei Jahren steht die Bindung im Vordergrund und sie brauchen vor allem Zuwendung. Sie beginnen gerade erst, die Welt, in der sie leben, zu erkunden. Durch Bewegung, aber auch – im wahrsten Sinne des Wortes – durch begreifen. Sie nehmen Dinge in den Mund, um sie zu schmecken und zu riechen. Darum sollen Babys auch nicht fernsehen, denn sie können nicht abstrahieren, was sie hier hören und sehen. Auch ist die Bildabfolge bis zu drei Jahren zu schnell. Warum sollte das also mit den komplexeren Geräten anders sein?

> Kurz: Nein.
> Eigenes Gerät: Auf keinen Fall.
> Reglementierung: Unverzichtbar.

**2–4 Jahre**
Auch hier gibt es schon viele Apps, die auf dieses Alter ausgerichtet sind. Es spricht nichts dagegen, sie zusammen mit den Eltern zu betrachten. Sicher macht es Spaß, wenn Kinder auf dem Tablet mit einem Fingertipp zum Beispiel eine Animation oder Tierstimmen auslösen. Dies sollten

Eltern jedoch nur selten und in Ausnahmefällen zulassen, damit sich die Nutzung nicht zum Ritual entwickelt. Kinder müssen in diesem Alter erst einmal sich selbst und ihren Körper kennenlernen. Was passiert, wenn sie rennen, schaukeln oder von einer kleinen Mauer herunterspringen?

Der App-Markt bietet zudem sehr viele animierte Bilderbücher. Damit können sich Kinder alleine beschäftigen, allerdings nicht Zweijährige, und so oft sie wollen einen bestimmten Effekt wiederholen. Aber ist das sinnvoll? Nach wie vor sollte das Vorlesen nicht einer App allein überlassen werden. Schließlich geht es beim Vorlesen nicht nur um eine Geschichte, sondern auch um Nähe und darum, die Mutter oder den Vater neben sich zu spüren. Das gilt auch für die nächste Altersgruppe.

---

Kurz: Lieber nicht.

Eigenes Gerät: Nein.

Reglementierung: Unbedingt.

---

### 4–6 Jahre

In dieser Altersspanne nimmt die Wissbegier immer mehr zu. Hier gibt es auch schon erste Lernspiele, um die Welt der Farben, Buchstaben und Zahlen kennenzulernen. Wenn das Spielen mit Apps nicht den Spielnachmittag bestimmt, ist die Beschäftigung damit in Maßen in Ordnung. Aber auch jetzt sollte der Einsatz von Tablets und Smartphones reglementiert stattfinden, da sonst Kinder früh das freie Spiel verlernen. »Das kann passieren«, erklärt die Fachärztin Tomke van den Hooven. »Das geht so schnell, dass das Kind ans Smartphone oder Tablet möchte, das hat etwas Verführerisches. Sobald Sie das Smartphone dem Kind wieder wegnehmen, gibt es Protest vom Kind.«

Eine App liefert immer eine Reaktion, ein Holzspielzeug nicht. Es ist aber wichtiger für Kinder im Vorschulalter, in eigene Phantasiewelten einzutauchen. Lieber das Kinderzimmer mit Spielzeugfiguren, Landschaften aus Decken und Wasserschüsseln in einen lebendigen Spielzoo verwandeln als nur ein App-Abenteuer bestehen.

Kurz: In Ausnahmefällen.

Eigenes Gerät: Nein.

Reglementierung: Ja.

## 6–8 Jahre

Kinder kommen in die Schule und erleben etwas völlig Neues: Im Gegensatz zu Eltern und Erzieherinnen wenden sich die Lehrkräfte zum ersten Mal mit einer Anforderung an die Kinder. Sie sollen stillsitzen, sie sollen zuhören, sie sollen sich konzentrieren und lernen. Das ist zu Beginn erst mal ungewohnt. Darüber hinaus fügen sie sich stärker in eine Gemeinschaft ein und üben soziales Verhalten. Das ist ganz schön viel, aber Kinder in diesem Alter freuen sich auf die Schule und auf das Lernen. In dieser Altersstufe spielen sie mit allem: mit Freunden, Fußball, Spielzeug, aber eben auch mit dem Tablet oder den Smartphones der Eltern. Da Kinder dann auch gerne fernsehen, wird die Einführung von Bildschirmzeiten notwendig. Also entweder Fernseher oder Smartphone/Tablet.

> Kurz: Mit festen Zeiten von 20–30 Minuten Bildschirmzeit in Ordnung.
> Eigenes Gerät: Nein.
> Reglementierung: Ja.

**8–10 Jahre**

In diesem Alter nimmt der Gerätebesitz bei den ersten Grundschülern stark zu, und der Druck auf die Eltern wächst. Bei Eltern ist der verstärkte Sicherheitsgedanke ein passables Motiv für den Gerätebesitz, bei Kindern eher nicht. Sie erhalten damit die Lizenz zum Spielen, Videos auf YouTube schauen und zum Zeitvertreib, der sich durch die Mobilität der Kontrolle entzieht. Von Kindern in dieser Altersgruppe zu verlangen, dass sie eigenverantwortlich und portioniert mit Tablets und Smartphones umgehen, ist, höflich ausgedrückt, ambitioniert. Das Sicherheitsdenken lässt sich auch mit einem gewöhnlichen Handy lösen, am Nachmittag kann dann mit dem Tablet der Eltern gespielt werden. Kindern in diesem Alter ein Smartphone zu überlassen ist leicht, die Nutzung zu reglementieren eher nicht. Höchstens mit Ausnahmen (siehe Regeln Seite 137).

> Kurz: Keine gute Idee.
> Eigenes Gerät: Nein. Höchstens ein gewöhnliches Handy.
> Reglementierung: Ja.

## 10–12 Jahre

In diesem Alter findet in der Regel der Übertritt zur weiterführenden Schule statt. Vielen Eltern und Experten erscheint das ein guter Zeitpunkt, den Kindern ein eigenes Smartphone zu überlassen. Allerdings ist sehr zu empfehlen, wenn sie zuvor einen Smartphone-Führerschein machen, um sich auch mit den kritischen Problempunkten auseinanderzusetzen. Ansonsten geht alles schief, was schiefgehen kann: Kinder schließen aus Versehen Abos ab, werden abgezockt, erschrecken vor Kettenbriefen, überschütten ihre Freunde in der WhatsApp-Gruppe mit sinnlosen Nachrichten oder gehen sorglos mit Fotos um. Das eigene Smartphone ist in diesem Alter vor allem ein Spielkamerad, der immer zur Verfügung steht, sodass für andere Dinge keine Zeit mehr bleibt. Hausaufgaben zum Beispiel. Häufigster Berufswunsch: YouTube-Star.

---

Kurz: Nur weil es mittlerweile normal ist, muss es noch lange keine gute Idee sein.

Eigenes Gerät: Kann, muss aber nicht.

Reglementierung: Ja, aber schwierig.

---

## 12–14 Jahre

In dieser Altersgruppe verändert sich die Nutzung. Spiele sind zwar immer noch interessant. Aber auch Streamingdienste für Musik und Videos nehmen mehr und mehr Raum ein. Nun steht auch mehr die Darstellung der eigenen Person im Vordergrund. Mädchen und Jungen entdecken das Posen für Instagram & Co. Aus den Kommentaren und Likes ihrer Freunde ziehen sie Anerkennung. Allerdings erhöht das auch den Druck, vor allem auf Mädchen. Gerade wer sich nicht hübsch findet und ein schwaches Selbstwertgefühl hat, dem kann dieser Druck schwer zu schaffen machen. Neben Instagram zählt aber vor allem die Beschäftigung mit Snapchat (siehe Seite 210) zu den Lieblingstätigkeiten. Das Smartphone wird mehr und mehr zu einem Instrument des sich Ausprobierens. Begleitende Gespräche von Elternseite sind ein Muss bei der Reflexion des eigenen Verhaltens.

> Kurz: Gehört dazu.
> Eigenes Gerät: Ja.
> Reglementierung: Äußert schwierig.

## 14–16 Jahre

In dieser Altersspanne verlagert sich die Nutzung in einer Art und Weise noch stärker auf die Kommunikation, die für Erwachsene nicht immer nachvollziehbar ist. Dr. Karin Knop von der Uni Mannheim sieht das so: »Ich habe schon erlebt, dass zum Beispiel vier Jugendliche zusammensitzen. Sie sprechen nicht miteinander und schauen alle auf ihr Smartphone und lachen dann aber synchron. Sie schreiben grade miteinander, und noch jeweils 10–15 andere sind auch in diese Kommunikation eingebunden. Das heißt, wir wohnen einer physischen Situation bei, an der aber noch 40 andere digital teilnehmen. Das ist eine veränderte Kommunikationskultur. Deshalb würde ich es erst einmal wertfrei sehen, weil wir im Moment noch nicht wissen, ob die

Nachteile oder die Vorteile überwiegen. Nichtsdestotrotz sollten wir ein hohes Bewusstsein und eine Sensibilität dafür haben.«

Schüler nutzen das Smartphone auch zum Lernen und Anfertigen von Referaten und Präsentationen. Videoclips erklären schwierige Sachverhalten beispielsweise aus Mathematik und Chemie.

> Kurz: Gehört untrennbar zur Jugendkultur.
> Eigenes Gerät: Ist das eine Frage?
> Reglementierung: Unmöglich.

**Bevor es losgeht: Prüfen!**

Statt also einfach so in die Situation hineinzurutschen, ist es ratsamer, sich vorher noch mal gründlich Gedanken zu machen, was für und gegen die Anschaffung eines Smartphones im Kindesalter spricht. Die folgende Tabelle mit den gegenübergestellten Argumenten kann vielleicht einen hilfreichen Beitrag zur Entscheidungsfindung liefern, ob es ein Smartphone oder zu Beginn vielleicht doch besser ein stinknormales Handy bekommen soll.

## Argumente *für* ein eigenes Smartphone in Kinderhänden

- Mein Kind soll erreichbar sein.

- Für mein Kind will ich erreichbar sein.

- Mein Kind soll es für den Notfall bekommen.

- Mein Kind hat damit ein Gefühl von Sicherheit.

- Mein Kind soll früh und unverkrampft den Umgang mit dieser Technologie erlernen.

- Mein Kind soll Verantwortung für das Gerät tragen.

- Mein Kind soll eigenverantwortlichen Umgang üben.

- Mein Kind trainiert damit neue Kommunikationsformen.

- Mein Kind liest und schreibt damit mehr.

- Mein Kind erprobt kreativen Umgang mit Fotos und Filmen.

- Mein Kind soll unter Klassenkameraden und Freunden kein Außenseiter sein.

- Anderer Grund:

## Argumente *gegen* ein eigenes Smartphone in Kinderhänden

- Für mein Kind ist das eine zu teure Angelegenheit.

- Mein Kind findet damit kein Ende und legt es kaum aus der Hand.

- Mein Kind erhält damit die Lizenz zum Spielen.

- Mein Kind kommt damit im Internet an bedenkliche und verstörende Inhalte.

- Mein Kind tappt unbedarft in eine Kostenfalle.

- Mein Kind erhält über Web, soziale Netzwerke und Spiele Kontakt zu Fremden.

- Mein Kind verliert das Gerät schnell oder es wird gestohlen.

- Mein Kind verliert schnell das Zeitgefühl.

- Ich kann mein Kind schlecht kontrollieren.

- Mein Kind vernachlässigt damit andere Dinge.

- Mein Kind ist zu jung.

- Anderer Grund:

**Prüfen: Falls ja, Handy oder Smartphone?**

Bei jungen Schulkindern wäre die Anschaffung eines Handys ratsamer als ein Smartphone. Damit sind sie und wir Eltern erreichbar. Für alle anderen Beschäftigungen kann ihnen am Nachmittag ein Tablet mit festen zeitlichen Begrenzungen überlassen werden. Ein Siebenjähriger überlebt dieses Alter auch ohne WhatsApp. Eine feste und überzeugte Haltung kann hilfreich sein, wie zum Beispiel das folgende Gespräch zeigt.

**Das Olbrich-Modell: Notfallhandy und PC statt Smartphone**

Maren Olbrich und ihr Mann, Eltern von drei Kindern (14, 12 und 8 Jahre), haben sich zur technischen Ausstattung in ihrer Familie ein besonderes Modell ausgedacht: Ihre Kinder besitzen kein Smartphone, dafür aber schon seit der 3. Klasse einen eigenen Computer.

*Frau Olbrich, warum handhaben Sie das so?*

Maren Olbrich: »Wir leben in einer Kleinstadt, in der im Grunde alles per Fahrrad oder Stadtbus in unter einer halben Stunde zu erreichen ist. Die beiden Großen haben ein Notfall-Handy, um im Ernstfall anrufen zu können – die Guthaben erlöschen regelmäßig, weil sie schlicht nicht dran denken, die Dinger mitzunehmen und sich im Ernstfall eben anders zu helfen wissen. Wir möchten, dass unsere Kinder offene, kreative und selbstdenkende Menschen werden. Ihr Leben und ihr Tagesablauf sind bereits von so vielen äußeren Faktoren bestimmt, dass die freie Zeit nicht durchs Handybimmeln getaktet werden soll. Außerdem sollen sie lernen, differenziert zu kommunizieren. Wie rede ich mit wem, wo kann ich mich »auskotzen«, wo ist »erst denken, dann reden« angesagt, und wann darf man auch mal einfach keine Meinung haben müssen. Wir reden unglaublich viel miteinander/gegeneinander/umeinander herum und manchmal ganz elementar aneinander vorbei, aber wir reden. Wir bemühen uns, den Kindern zu zeigen, was es alles live und direkt zu sehen gibt, und dass es genauso Situationen gibt, wo es weder was zu sehen noch was zu reden gibt, und auch das in Ordnung ist.«

*Wie kamen Sie auf die Idee?*
Maren Olbrich: »Wir haben die Entwicklung bei Freunden, Verwandten und den Schülerinnen und Schülern meines Mannes beobachtet, unser Verhalten und unsere Vorstellungen von Kommunikation, Zusammenleben, Informationsbeschaffung danebengestellt und versucht, eine Mitte zu finden beziehungsweise Prioritäten zu setzen. Ein Beispiel aus Zeiten, in denen unsere Kinder noch viel kleiner waren, ist ein Besuch im Deutschen Museum, bei dem wir eine Familie beobachten konnten, deren größere Kinder den Blick nicht vom Handy lösen konnten, egal in welchem Bereich des Museums sie sich befanden – das wollten wir nicht. Wir haben viele Ausflüge/Kurzreisen gemacht, die andere mit Kindern vielleicht nicht gemacht hätten, aber ich glaube, wir haben es immer geschafft, es auch für die Kinder interessant zu machen. Kein Ziel wurde ausschließlich auf unser Interesse ausgelegt, und so mussten die Kin-

der auch nicht »beschäftigt« werden. Sie sollten live erleben, was wir gemeinsam unternehmen.

Bei unseren Neffen und Nichten, heute fast 19 und fast 15 Jahre alt, haben wir die WhatsApp-Anfänge und ersten negativen Auswirkungen wie Mobbing relativ nah miterlebt. Die Nichte hat sich tatsächlich aus diesem Grund und aktiv selbst wieder abgemeldet. Da der Altersunterschied nicht so groß ist, haben das unsere Kinder mitbekommen und auch thematisiert.«

*Bekommen Ihre Kinder jemals ein Smartphone?*
Maren Olbrich: »Wir haben ursprünglich gesagt, dass vor dem 16. Geburtstag keinerlei Hoffnung auf ein Smartphone besteht. Inzwischen haben wir die Grenze auf 15 heruntergesetzt. Bis dahin ist es beim Großen noch über ein Jahr, und wir werden im Vorfeld sehr genau mit ihm klären, wie das Ganze abläuft. Soll heißen: Das Smartphone ist und bleibt unser Eigentum, das er nutzen darf, solange er sich an die Regeln hält. Die Kosten muss er, abgesehen von einem Minimum-Betrag zur telefonischen Erreichbarkeit, selbst tragen. In der Schule hat es nichts verloren, wir wohnen 500 Meter von der Schule entfernt, und abends wird es abgeliefert. Genauere Konditionen wie, welche Daten werden preisgegeben, welche Downloads sind okay, welche sind illegal, werden wir dann ebenfalls klären.«

*Wie kommt das bei Ihren Kindern an?*
Maren Olbrich: »Bei den Großen schwankt die Stimmung: Manchmal ist kein Smartphone zu haben das Schlimmste

überhaupt, selten ist es großartig und meistens eher egal. Sie haben gelernt, sich damit zu arrangieren. Da beide am Beginn beziehungsweise mitten in der Pubertät stehen, hängt das ganz oft von der Grundstimmung ab und ist in dem Alter wohl normal. Der Wunsch nach einem Smartphone ist natürlich da, und die Diskussionen dazu sind nicht immer einfach. Wir haben von Anfang an versucht, den Kindern klarzumachen, dass wir sie nicht von der Welt ausschließen wollen, sondern dass wir aus obengenannten Gründen gegen Smartphones in den Händen von Kindern und jungen Jugendlichen sind. Gerade letzte Woche hat der Große mir sein Leid geklagt, dass er der »Freak ohne Handy« ist und aus dieser Rolle nicht rauskommt. Die Beobachtungen, die er bei Klassenkameraden und Freunden macht, zeigen ihm jedoch auch, dass ein Smartphone viel Zeit frisst und sich im Umgang damit an manchen Stellen schlicht und ergreifend ein Suchtverhalten einstellt. Er beobachtet bei Freunden, dass schlechte Noten verspätet »gebeichtet« werden, um Konsequenzen im Netzzugang erst dann tragen zu müssen, wenn das Spiel oder die Sportübertragung gelaufen ist, und diese Abhängigkeit von Medienkonsum findet er bei aller Freundschaft selbst eigenartig.«

**Prüfen: Was ist besser: Vertrag oder Prepaid?**
Bei der Entscheidung, ob für Kinder ein Vertrag geschlossen oder doch besser auf eine Prepaid-Karte gesetzt werden soll, stehen meistens pekuniäre Faktoren im Vordergrund. Nach wie vor werden ja neue Smartphones bevorzugt durch feste Vertragsbindungen subventioniert, obwohl es sich

hierbei oft um eine reine Milchmädchenrechnung handelt, die sich selbst Erwachsene in ihrem nervösen Vorfieber auf ein neues Gerät auch gerne mal schönreden. Oft verhält es sich aber so: Je billiger das Gerät, desto teurer und bindender der Vertrag. Wer das mal genauer kalkuliert, sieht dann nicht selten keinen großen Unterschied zum Kauf eines Smartphone ohne Vertragsbindung und einer billigen Flatrate vom Discounter.

Dazu locken die Familientarife der Telekommunikationsfirmen, die auf die reine Bequemlichkeit ihrer Kunden setzen, weil die einfach nur schnell und unkompliziert einen Vertrag abschließen wollen, wobei der gegenwärtige Anbieter gerade der Teufel ist, den man schon kennt.

Unter uns: Es ist alles andere als leicht, einen günstigen Tarif mit guten Optionen in einem sich ständig verändernden Markt zu finden. Diese Suche weckt manchmal ähnliche Gefühle wie am Wochenende die dringend benötigten Papiere und Quittungen für die Steuererklärung aus den entlegensten Winkeln aufzutreiben.

Die Telekommunikationsfirmen profitieren in doppelter Hinsicht von unserer Trägheit: Einerseits kommt es zu einem neuen Vertragsabschluss, anderseits ist das auch ein ausgezeichneter Zeitpunkt, sich bei Kindern früh als verlässliche Marke einzuprägen.

**Prüfen: Und was ist aus der Sicht der Prävention gut?**
Manchmal hilft es, bei der Entscheidung die unbequeme, glasbausteindicke Brille der Prävention aufzusetzen, der wenig entgeht:

👍 Ein Prepaid-Handy hilft bei der Kosten- und Datenvolumenkontrolle. Weil das Datenvolumen schnell aufgebraucht ist, lernen Kinder früh, damit zu haushalten.

👍 Bei einer Flatrate sollte im Sinne der Prävention das kleinste Datenvolumen gewählt werden, damit Kinder nicht dauerhaft »on« sind.

👍 Ein Prepaid-Handy hilft bei der Kosten- und Datenvolumenkontrolle.

👍 Die Drosselung, also das unerträgliche Erlahmen des Internettempos nach Verbrauch des Datenguthabens, kann ein ›guter Erzieher‹ sein. Weil dann die Nutzung nur im WLAN wieder erträglich wird, ist das für Kinder eine gute Gelegenheit, sich mit etwas anderem zu beschäftigen.

Manche Eltern lassen ihre Kinder ein Smartphone ohne Internetflat nutzen. So funktioniert zwar das Telefon, der Rest aber nur in WLAN-Bereichen. Das ist zwar smartphonetechnisch gesehen ein wenig absurd, aber sehr zielführend. Auch Peter Knaak, Redakteur im Team Multimedia der Stiftung Warentest, fasst seine Empfehlung im Gespräch so zusammen: »Bei jüngeren Kindern ist eine Prepaid-Karte sicherlich die bessere Wahl. Ältere sind intensiver online. Da gibt es einerseits das pädagogische Modell: Surfen nur im heimischen WLAN unter Obhut der Eltern und alternativ das kostenreduzierende Modell: Abschluss eines Vertrages«.

Bedauerlicherweise gibt es unter den Prepaid-Anbietern auch schwarze Schafe. Darum sollte bei der Tarifentscheidung darauf geachtet werden, ob überhaupt ein Datenvolumen enthalten ist. Gerade bei Prepaid-Anbietern kann es auch unlautere Angebote geben.

»Bei Prepaid-Karten muss ein Datenvolumen hinzugebucht werden«, warnt Peter Knaak von Stiftung Warentest. »Ist das monatliche Datenkontingent ausgeschöpft, buchen die Anbieter nahezu ungefragt für ein paar Euro Datenvolumen hinzu. Das nennen sie beispielsweise Tarifautomatik. Klingt gut, kann aber bis zu dreimal pro Monat wiederholt werden und summiert sich dann auf fast zehn Euro. Zum Glück gibt es auch noch ehrliche Prepaid-Angebote ohne automatische Aufpreise.« Außerdem sollte darauf geachtet werden, wie sich die Kosten im Ausland auch nach der neuen Tarifregelung mit dem Wegfall der Roaming-Gebühren in der EU belaufen können. Stiftung Warentest liefert dazu wichtige Informationen. Die Zeitschriften können in den meisten öffentlichen Bibliotheken eingesehen werden.

## Prävention und eigene Haltung usw.

### Was ist mit der eigenen Haltung?

Prävention beginnt mit der eigenen Haltung. Im Gegensatz zum ersten Kapitel, in dem es um die *Haltung als Vorbild* ging, steht hier die *Haltung als erziehende Mutter oder erziehender Vater* im Mittelpunkt. Also ob, wann und wie wir unseren Kindern erlauben, sich mit Smartphones und Tablets zu beschäftigen, besonders, wenn sie noch sehr klein und jung sind.

## Stichwort Langeweile

Zugegeben, manchmal ist kaum etwas so anstrengend wie ein kleines Kind, dem gerade fürchterlich öde zumute ist. Es mault, es zetert, es plärrt – und sogleich geraten wir unter Druck. Nur: Warum darf sich eigentlich ein Kind nicht mal langweilen? Wo ist denn das Problem, wenn es gerade mal nichts mit sich anzufangen weiß (siehe Langeweile Seite 257)? Warum reagieren manche Eltern auf jeden Mucks, als wären sie persönlich für diesen momentanen Zustand der Antriebslosigkeit und Unlust verantwortlich und müssten jetzt mit Flötenspiel und Tanderadei wieder das Lächeln in die Gesichter der Kinder zurückzaubern? Müssen sie nicht. »Das ist mir schon alles bewusst«, erzählt Sandra, Mutter des zweijährigen Ken, »aber es ist trotzdem schwer ohne schlechtes Gewissen auszuhalten, wenn mein Sohn rumnölt. Auch wenn ich es besser weiß oder es gerade nicht anders geht.«

Wir Eltern haben eben viel zu tun. Wir gehen beispielsweise arbeiten oder einkaufen und sorgen so für eine für die Familie funktionierende Infrastruktur. Wenn mal keine Zeit ist, müssen Kinder durchaus lernen, auch das auszuhalten. In diesen Momenten ein digitales Medium einzusetzen, wäre kontraproduktiv.

»Digitale Medien können ein Ablenkungsmanöver sein«, findet auch Dr. Tomke van den Hooven. »Wenn die Kinder quengeln, werden sie so ›ruhiggestellt‹. Mir kommt es oft wie ein in den Mund gestopfter Lutscher vor: Jetzt sei halt ruhig. Aber das Kind lernt so nicht, auch mal Frustration auszuhalten.«

## Stichwort Pausenfüller

Manchmal sind Smartphones und Tablets praktische Pausenfüller, wenn Mama oder Papa gerade auf der Autobahn mit beiden Händen am Lenkrad über den Asphalt heizen. Natürlich ist eine längere Strecke im Auto für ein Kind kein Spaß. An dem Zustand, in einem Kindersitz zu hocken und dabei wie Hannibal Lector festgeschnallt zu sein, gibt es auch nichts zu beschönigen. Wer aber seinen Kindern in solchen Situationen reflexartig Smartphone und Tablets übergibt, zeigt ihnen damit, dass es weder Langeweile noch Momente geben darf, in denen nicht konsumiert wird. Kinder sind Ritualmenschen. Wenn sie einmal einen Film auf einer langen Fahrt gesehen haben, verlangen sie jedes Mal danach, sobald sie ins Auto steigen. Ähnliches gilt für das Smartphone: Wer es ihnen einmal in die Hand gedrückt hat, will es bei der nächsten Fahrt immer wieder tun.

»Neulich habe ich im Auto meinem Sohn mein iPhone überlassen«, bestätigt Susanne, Mutter des eineinhalbjährigen August. »Anfangs fand ich das gut, weil ich mich ja am Steuer nicht so richtig um ihn kümmern kann. Inzwischen macht er aber so ein Geschrei, wenn ich es ihm nicht mehr geben will. Mich mit einem schreienden Kind auf den Verkehr zu konzentrieren, fällt mir besonders schwer.«

## Stichwort Restaurantbesuch

Ein anderes typisches Beispiel ist oft bei Restaurantbesuchen zu beobachten. Während früher der Kellner ein paar abgebrochene Buntstifte und phantasielose Ausmalbildchen mit Köchen und Clowns für die Kinder am Tisch brachte, bekommen kleine Gäste heute sehr schnell von ihren Eltern das Smartphone oder ein Tablet in die Hand gedrückt. Zu schnell. Weil sie dann tatsächlich auch die Klappe halten, wird im englischen Sprachraum bereits von »ShutUp-Toys« gesprochen. Bitte nicht falsch verstehen: Mit Kindern essen gehen macht großen Spaß, unterscheidet sich nun mal aber eklatant von einem Dinner für zwei. Statt Kindern also in einem Lokal das Smartphone oder Tablet zu überlassen, um in Ruhe essen zu können, wäre es ratsamer, zuvor eine spezielle Tasche für Restaurantbesuche zu packen. Darin sind immer die gleichen Dinge: Malpapier, Stifte, Tesafilm, Plastikschere und ein paar Spielsachen, die nicht im Kinderzimmer, sondern nur in dieser Tasche sind. Gerade kleine Kinder haben einen ungeheuren Beschäftigungs- und Bewegungsdrang. Der Trick mit der Tasche funktioniert, bis Kinder etwa zehn Jahre alt sind.

## 10 Punkte, wie Prävention gelingen kann

Um es noch einmal deutlich zu sagen: Nur wer sich früh die verschiedenen Präventionsmaßnahmen bewusst macht, beugt späteren Problemen in der Erziehung vor. Dass Kinder dann mehr Zeit mit Smartphone & Co. verbringen, als uns lieb ist, lässt sich allerdings nicht hundertprozentig verhindern. Die hier vorliegenden Punkte sind nicht die Zehn Gebote, sondern Tipps, die sich bei vielen Familien bewährt haben.

## 1. Lassen Sie sich nicht verunsichern

Tagtäglich gibt es neue Erkenntnisse, wie sehr Smartphones und Tablets Kindern schaden oder nützen. Niemand sollte sich von blinden Ablehnern, Alarmisten und Panikverbreitern verrückt machen lassen. Allerdings gibt es auch keinen Grund, sich von übertrieben positiven Schönfärbereien einlullen zu lassen. Es ist an uns, die Balance dafür herauszufinden.

## 2. Smartphone/Tablet gehören zum Leben dazu?

Es muss keine Hauruck-Entscheidungen geben. Wichtig ist, die moderne Kommunikations- und Informationstechnik als Teil unseres Lebens zu akzeptieren. Prof. Dr. Schulte Markwort, ärztlicher Direktor der Klinik Kinder- und Jugendpsychiatrie, -psychotherapie und -psychosomatik am Hamburger UKE, sagt es so: »Es muss in den Familien immer alles geben. Also Gummibärchen *und* Schafskäse. Auch Mensch ärgere dich nicht, Gartenspiele *und* das Smartphone oder den PC. Wenn Kinder von Beginn an mit allen Dingen aufwachsen, wir ihnen den Umgang damit beibringen und auch zutrauen, dann können sie das meiner Erfahrung nach auch.«

## 3. Das richtige Alter ...

... gibt es nicht. Denn jedes Kind ist anders. Allerdings sagt einem schon der gesunde Menschenverstand, dass Babys und Kleinkinder nicht mit solchen Geräten in Berührung kommen sollten. Gerade in jungen Jahren stehen andere Kompetenzen im Vordergrund. Kleine Kinder müssen sich und ihren Körper kennenlernen, klettern, spielen und sich in sozialen Kontakten üben. Sicherlich können sie sich mal Vorleseapps ansehen und kleine Games spielen, wenn es die Ausnahme bleibt. Kinder müssen aber echtes Spielzeug anfassen. Allgemeine Empfehlungen lauten, Kinder beim Übertritt auf die weiterführende Schule ein eigens Smartphone zu überlassen. In Berlin beginnt das mit der 7. Klasse, in anderen Bundesländern ab der 5. Klasse.

### 4. Auf die eigene Haltung kommt es an

Gerade bei kleineren Kindern sollten Eltern bei der Nutzung von Tablets und Smartphones dabei sein und sie nicht als Babysitter benutzen. Wenn Kinder frühzeitig diese Geräte als »Shut-up-Toy« bekommen, um sie in bestimmten Situationen, etwa während der Autofahrt, ruhigzustellen, rächt sich das. Die Kinder gewöhnen sich daran, dass sie sich nicht langweilen dürfen. Oft sind wir mit unseren Gedanken zu sehr in die Erwachsenenwelt abgetaucht, um uns bestimmte Situationen aus der Sicht der Kinder vorzustellen. Gerade in Momenten, die für Kinder eher ermüdend als interessant sind, gibt es ein tolles Rezept: Mit ihnen spielen.

### 5. Keine Smartphones und Tablets bei Restaurantbesuchen

Bei Restaurantbesuchen wird es Kindern schnell langweilig. Wenn wir jedoch viele Malstifte, Papier, Schere und Kleber mitnehmen, beschäftigen sich Kinder gerne damit. Leider hat es sich in den vergangenen Jahren eingebürgert, dass Kinder im Restaurant ein Smartphone oder Tablet in die Hand gedrückt bekommen, damit sie still sind. Das ist keine gute Idee und rächt sich. Irgendwann sind Kinder darauf konditioniert, in Phasen der Langeweile Zugriff auf Mobilgeräte zu verlangen.

## 6. Kein Smartphone beim Essen

Machen Sie das zu einem ähnlichen Ritual wie das Händewaschen vor dem Frühstück, Mittag- und Abendessen. Diese Regel gilt übrigens nicht nur für Kinder. Vor allem sollte das Gerät in einem anderen Raum liegen oder lautlos gestellt sein. Wenn doch mal das Telefon klingelt, dann gelten die Regeln aus der guten, alten Analogtelefonzeit. Sagen Sie, dass Sie gerade mit der Familie essen und danach zurückrufen. Dafür hat jeder Anrufer Verständnis. Auch das Abwimmeln von Anrufern gehört zur Vorbildfunktion: Wir haben das Heft in der Hand.

## 7. Kein Smartphone beim Nachhausekommen

Wer nach Hause kommt, zieht nicht nur die Schuhe aus, sondern kann auch sein Mobiltelefon in einer Schale oder Box im Eingangsbereich ablegen. Das lässt sich auch prima mit dem Aufladen des Geräts verbinden. Danach lässt sich in Ruhe mit einzelnen Mitgliedern der Familie sprechen.

## 8. Nachdenken hilft

Lieber noch mal gründlich überlegen: Stimmen Kosten und Nutzen überein? Sicher, das Kind möchte ein Smartphone, aber muss es deshalb auch eines haben? Wäre es nicht bei jungen Schülern besser, auf ein gewöhnliches Handy zu setzen und ihnen nachmittags einen kontrollierten Zugang zum Tablet zu erlauben? Ab welchem Alter ist das Kind reif genug, eigenverantwortlich damit umzugehen? Lieber noch einmal die Pro- und Contra-Punkte abwägen.

## 9. Kosten prüfen

Ja, es ist mühsam. Aber es lohnt sich, zu checken, ob ein Smartphone mit Vertragsbindung wirklich günstiger ist oder nicht. Gerade am Anfang, wenn Kinder die eigenverantwortliche Nutzung noch nicht so gut im Griff haben, ist Prepaid eine gute Option, bei der das Budget die Nutzung regelt und drosselt. Ratsam ist es auch, bei anderen Lösungen eher auf kleine Flatrates zu setzen. Ein eigenes Smartphone verursacht Kosten und ist eine Taschengelderhöhung, selbst wenn das von Kindern nicht so empfunden wird.

## 10. Gegenmodelle prüfen

Maren Olbrich (Seite 80) hat ihren Kindern lieber früh ein Notebook, Prof. Dr. Thomas Kammer seinen Kindern ein Smartphone überlassen, allerdings ohne Internetnutzung. Das sind kluge und probate Mittel, die durch den Druck der Außenwelt nicht ganz einfach durchzusetzen sind, aber sie riechen auch nicht nach einer Hardliner-Lösung. Überhaupt ist es sehr empfehlenswert, sich im Bekanntenkreis umzuhören, wie andere diese Angelegenheit lösen. Gerade wenn die Kinder auf die weiterführende Schule kommen, wäre es klug, gemeinsam mit den anderen Eltern eine Smartphone-Strategie zu entwickeln, zum Beispiel Threema statt WhatsApp zu nutzen.

# KAPITEL 3

## Orientierung – Nur wer sich auskennt, kann seine Kinder schützen

*Warum die Lesefähigkeit der unterschiedlichen Medien bei der Erziehung unverzichtbar ist und wie wir durch Einordnung Kinder vor Abzocke und Abofallen bewahren*

## Orientierung und Lesefähigkeit

**Die Kunst des Händewaschens oder wie ich die Lesefähigkeit für mich entdeckte**

Während viele Menschen und besonders Eltern von den ständigen technischen Neuerungen in größere Konfusion gestürzt werden, sorgt bei mir das Händewaschen regelmäßig für Verwirrung. Denn suche ich in Flughäfen, Restaurants oder Hotels die sanitären Anlagen auf, gerate ich spätestens am Waschbecken aus dem Tritt: Soll ich jetzt am Wasserhahn drehen? Drücken? Ziehen? Oder einfach nur die Hände darunterhalten? Muss ich am Seifenspender drehen oder ihn runter- oder zusammendrücken? Soll ich beim Handtuchautomaten am Stoff ziehen? Auf keinen Fall ziehen? Winken?! Oder hackt mir gleich das martialische Düsenteil beide Hände ab? In solchen Situationen kann ich nur hoffen, dass mich keine versteckte Kamera bei diesem Ausdrucktanz aufzeichnet.

Wie können wir die Innovationen des Internets begreifen, wenn doch heutzutage schon das Händewaschen so kompliziert geworden ist? Mir jedenfalls wurde so auf einmal klar, dass wir gar keine Medienkompetenz brauchen, sondern vielmehr *Lesefähigkeit*.

## Was ist Lesefähigkeit?

Seit über 20 Jahren wird gebetsmühlenartig mehr Medienkompetenz von Kindern, Eltern und Pädagogen eingefordert. Das Dumme ist nur, dass Medienkompetenz mittlerweile eine so schwammige Bezeichnung geworden ist, dass jeder etwas anderes darunter versteht. Der Begriff »Lesefähigkeit« dagegen ist meiner Meinung nach wesentlich aussagekräftiger und auch schnell und nachvollziehbar erklärt:

Jedes Medium bedarf seiner eigenen Lesefähigkeit.

Verabschieden wir uns von dem Gedanken, dass der Terminus »Lesen« grundsätzlich allein Printwerken vorbehalten bleibt. Vielmehr müssen wir den Lese-Begriff sogar deutlich erweitern. Die Entwicklung der Lesefähigkeit fängt schließlich schon bei der Geburt mit der Entwicklung der Wahrnehmung an. Der ganzheitliche Lesebegriff steht also für »Die Welt lesen« und deuten, um Kindern unter anderem auch in der medialen Welt eine gute Orientierung zu geben, sie in festen Regeln zu unterweisen und auch zu erziehen.

Ein Beispiel: Mit der Lesefähigkeit, die wir für Bücher erlernt haben, kommen wir bei »Minecraft« nicht weiter. Die Rezeption von Games funktioniert eben vollkommen anders als die Rezeption von Büchern. Darum finden ja auch viele Erwachsene keinen Zugang zu diesem Medium. Ihnen fehlt die spezielle Lesefähigkeit für Videospiele, vielleicht weil die nicht zu ihren Interessen gehören. Aber es existieren auch eine Reihe anderer Themen im Internet, denen wir nicht ausweichen dürfen. Aktuelle Ereignisse wie Hate-Speech und ihre Folgen betreffen uns alle. Darum müssen wir fast täglich unsere Lesefähigkeit anpassen und ständig aktualisieren, um die Welt, in der wir leben, besser verstehen und unseren Kindern erklären zu können. Nur wann und wo greift welche Lesefähigkeit?

**Wo brauchen wir Lesefähigkeit?**
Den Anfang bilden die klassischen Medien.

**Lesefähigkeit und Bücher**
Zugegeben, das ist einfach. Wir alle haben in der Schule das Lesen gelernt. Aneinandergereihte Buchstaben werden zu Worten, Wörter in Ketten ergeben Sätze. Aus Sätzen werden unter anderem Geschichten, Berichte oder Betriebsanleitungen. Meistens fällt das Lesen Schülern am Anfang eher schwer. Während dieser Prozess zu Beginn unbeholfen abläuft, wird er mit der Zeit immer leichter,

besser und flüssiger. Lesen ist folglich reine Übungssache. Bei einem Roman beispielsweise beginnt der Leser mit der ersten Seite und gelangt sodann über das Blättern bis zur letzten Seite zum Schluss. Romane und Krimis sind in der Regel linear. Es gibt aber auch Bücher, die nonlinear funktionieren.

## Lesefähigkeit und Lexika

Das Lexikon ist ein sehr anschauliches Beispiel für Werke, die nonlinear funktionieren. Anders formuliert: Wer mit der Lesefähigkeit eines Romans zur Enzyklopädie greifen würde, müsste ja die ungeheure Anstrengung unternehmen, alles von A bis R zu lesen. Und das nur, um am Ende der Wortsuche zu erfahren, was *reziprok* ist. Zum Glück hat uns aber die Schule gründlich das Alphabet beigebracht.

## Lesefähigkeit und Filme

Ein Film ist ebenfalls linear. Würde ihn jemand in die Mitte spulen, dann wieder ein Stückchen zurück und dann wieder vor, könnte niemand den Inhalt verstehen. Filme haben gegenüber Büchern den Vorteil, dass sie eine geringere Einstiegshürde haben als ein Roman. Daher ist es beim Fernsehen auch total wurscht, ob wir aufmerksam zusehen, dabei bügeln, kurz rausgehen oder einfach wegratzen – der Fernseher sendet einfach immer weiter und weiter.

## Lesefähigkeit und Tageszeitungen und Magazine

Hier funktioniert das Lesen wieder anders. Niemand liest die ganze Zeitung, sondern man liest interessengesteuert.

Wir scannen mit den Augen die Seiten nach Inhalten ab, die uns wissenswert oder informativ erscheinen.

So weit, so bekannt. Kommen wir zum nächsten Punkt:

**Lesefähigkeit und Videospiele**
Computer- und Konsolenspiele benötigen eine ganz eigene Lesefähigkeit. Aufbau- und Strategiespiele funktionieren anders als Action, Adventure oder Simulationen. Um mehr Verständnis für Spielabläufe zu erhalten, können wir fast überall in Deutschland Experten befragen, die sich exzellent mit dieser Thematik auskennen und sie sogar sehr gut erklären und vermitteln. Sie sind meistens kleiner als die meisten Mitmenschen und wohnen bei uns zu Hause. Im Ernst: Kinder würden nur zu gerne über die Spiele, die Mechanik und ihre Faszination erzählen, wenn wir uns dafür interessierten.

**Lesefähigkeit und Internet**
Jetzt wird es schon komplizierter. Das Internet ist zum ersten Mal ein Medium, dem wir grundsätzlich mit einem ganz besonderen Gefühl begegnen müssen: Misstrauen. Bisher konnten wir bei Sachbüchern, Lexika, der Tages- und Wochenzeitung immer darauf bauen, dass die beschriebenen Dinge inhaltlich weitgehend der Wahrheit entsprechen. Doch beim World Wide Web bleibt immer dieser Zweifel. Stimmt das auch? Die Grundidee, das Weltwissen zu nutzen und zu vereinen, mag ja gut und schön sein, kann aber auch Unwahrheiten nicht ausschließen.

Mal tarnt sich reine Werbung als fachkundiger Artikel, mal empfehlen angeblich hilfsbereite Community-Mitglieder mit großer Penetranz ein bestimmtes Produkt (»Mir hat das sehr geholfen«). Und die Seite eines freundlichen Imkers erweist sich erst beim zweiten Hinsehen als Forum für rechtsradikale Ansichten und krude Verschwörungstheorien.

Es ist sogar noch verzwickter: Auf der Suche nach Informationen zeigen Google & Co. nicht jedem Nutzer die gleichen Auffindungen, sondern passen sie dem Profil des Suchenden an. Recherche-Lotto wäre wohl die treffendste Bezeichnung für das erzielte Ergebnis. Gerade für Schüler ist das nicht gerade ein zuverlässige Hilfe. Darum wird ihnen ja auch immer wieder empfohlen, bei der Suche nach Informationen möglichst verschiedene Suchmaschinen zu benutzen, um das Spektrum der Funde zu verbreitern. Aber woher sollen Kinder das alles wissen?

Wir müssen ihnen immer wieder erklären, dass diese *Schöne neue Welt* oft einer *Schönen falschen Welt* gleichen kann. Zum Beispiel anhand dieser vier Exempel:

**1. Beispiel: Was sind Fake-News?**
Wir Erwachsenen wollen nicht auf Fake-News reinfallen, und wir wollen auch nicht, dass unsere Kinder ihnen auf den Leim gehen, um sie über soziale Netzwerke blind und kritiklos weiterzuleiten. Denn heute werden bei sogenannten Falsch-Nachrichten gezielt Unwahrheiten ausgesprochen, gepostet und getwittert. Dabei ist das Internet ein äußerst effizientes Verbreitungsmedium für Falschmel-

dungen, und soziale Netzwerke übernehmen die Funktion eines digitalen Lauffeuers. Es wird klassisch gelogen, geschmäht und Aussagen aus dem Zusammenhang gerissen. Fake-News wollen dabei die politische Stimmung anheizen, Meinungen verändern oder Angst und Hass verbreiten. Besonders perfide: Wird eine Lüge nur oft genug wiederholt, gibt es viele Menschen, die sie dann für die Wahrheit halten.

Nur was hat das mit Kindern und Erziehung zu tun? Ganz viel. Erstens werden auch Kinder mit solchen Fake-News konfrontiert, die ihnen vielleicht Angst machen. Zweitens dürfen in Schleswig-Holstein Jugendliche schon mit 16 Jahren wählen. Falsche Nachrichten könnten sie dabei noch massiver als erwachsene Wähler manipulieren.

## So erkläre ich meinem Kind, woran ich Fake-News erkenne:

> Besitzt die Nachricht eine Quelle? Schau dir an, wer die Nachricht gemacht hat.
> Ist die Quelle vielleicht eine Firma oder eine Partei, die einen Nutzen aus der Nachricht zieht?
> Haben bekannte Nachrichtenseiten diese News ebenfalls aufgegriffen, spricht das für ihren Wahrheitsgehalt.
> Gib es keine Quelle, ist das schon mal verdächtig.
> Was passiert, wenn du die Nachricht mit dem Wort »Fake« in eine Suchmaschine tippst?

Ein Tipp: Wer seinen Kindern ohne sie zu erschrecken demonstrieren möchte, wie schnell eine Fake-News emotionale Wirkung erzielt, der kann sich mal den Scherz erlauben, mit einer Tageszeitung in der Hand diese erfundene Schlagzeile vorzulesen: »Bundesregierung fordert für Kinder bedingungsloses Taschengeld von monatlich 100 Euro«.

Das wäre dann ein sehr guter Anknüpfungspunkt für eine Diskussion zum Thema.

## 2. Beispiel: Was ist Hate-Speech?

Hate-Speech betrifft insofern unsere Kinder, als auch sie bei ihren Ausflügen in soziale Netzwerke auf solche Hasskommentare stoßen – und das meist unvorbereitet. Bei diesem Thema können wir unseren Kindern sehr gut auseinandersetzen, wie wir als demokratische Gesellschaft miteinander im Leben und im Netz umgehen wollen. Wir kennen ein ähnliches Phänomen ja schon von Kindern in WhatsApp-Gruppen: Wie schnell da der Ton rauer wird und dabei Schimpfworte die Runde machen, von denen wir nicht einmal wussten, dass unsere Kinder sie kennen. Doch auf welche Weise wollen wir dem Einhalt gebieten, wenn sich das Internet in letzter Zeit mehr und mehr zum reinsten Pöbelnet gewandelt hat? Darin wird erschreckend munter gelästert, geschimpft, aber auch beleidigt und gedroht. Während sich früher die Absender dieser bösartigen Tiraden noch gerne hinter anonymen Spitznamen verbargen, scheinen jetzt sämtliche Hemmschwellen verschwunden zu sein. Unter Klarnamen wünschen diese Leute anderen einen besonders qualvollen Tod. Sehr aufschlussreich ist dabei, wie Jugendliche selbst das Thema sehen: Sie fordern mehr Toleranz.

## »Wir brauchen eine Grundtoleranz«

Doch selbst wenn niemand mehr Hass-Kommentare schreiben würde, fänden diese Menschen andere Wege und Formate. Denn der Hass steckt nicht im Internet, er steckt in den Köpfen. Meist in den Köpfen von Erwachsenen, aber auch Jugendliche sind alles andere als zimperlich untereinander. Im Berliner Büro der TINCON (teenage internetwork convention), ein Internet-Kongress von Jugendlichen für Jugendliche, traf ich junge Menschen aus dem Beirat zu einem Interview für das Goethe-Institut. Das Mädchen Charly (16) und die Jungs Kaan (17) und Ole (16).

*Woran liegt es, dass der Tonfall im Netz so verroht?*
Ole: »Das hat sich mit der Zeit so entwickelt. Unter Freunden ist klar, dass man sich ein bisschen neckt. Aber unter Klassenkameraden kann das teilweise schon extrem werden. Mit der Zeit wurde dieser Umgangston auch immer mehr verharmlost: Am Anfang war das noch ein Witz, über den beide lachen konnten, dann ist es immer extremer geworden. Es kommt natürlich auch auf die Kreise an. Im Netz gibt es Foren, in denen wir auch sehr sachlich diskutieren, aber eben auch Foren, in denen beleidigt wird.«

*Können Erwachsene denn besser damit umgehen?*
Kaan: »Nein. Neulich reagierte mein Vater in einem Forum auf einen Kommentar, der ihm nicht gefallen hat. So fängt Streit im Internet an. Ich habe meinen Vater gefragt, ob er das wirklich absenden will. Man sollte im Internet auf keinen Fall auf Texte eingehen, die nur Streit provozieren wol-

len. Früher wurde mir in der Schule gesagt, dass ich nicht darauf eingehen soll, wenn andere mich mobben. Die hören dann von selbst auf. Das stimmt. Wenn Leute merken, dass niemand auf ihre Provokationen eingeht, hören sie auf, weil es ihnen keinen Spaß mehr macht.«

Ole: »Wir Jugendlichen sind damit aufgewachsen und haben darum auch mehr Ahnung als unsere Eltern. Ich bringe zum Beispiel meiner Mutter relativ viel bei. Es ist schon traurig, dass manche Erwachsene mehr Fehler als Jugendliche machen.«

*Was würdet ihr den Erwachsenen raten?*
Charly: »Man muss im Internet eine gegenseitige Toleranz erlernen. Die Kids wachsen damit auf und lernen, nicht gleich jeden voll zu haten, der eine andere Meinung hat, sondern eher nachzufragen, warum er so denkt. Erwachsene checken das manchmal nicht und denken, sie dürften alles schreiben. Meiner Meinung nach müssen Erwachsene noch lernen, eine hohe Grundtoleranz im Netz zu zeigen.«

*Warum ist das wichtig?*
Charly: »Weil im Netz alles möglich ist. Es gibt dort keine Grundtoleranz. Du kannst jeden haten, jeden beaten oder einen Trojaner schicken. Um gut miteinander im Netz umzugehen, braucht man eine Grundtoleranz.«

*Wie habt ihr diese Grundtoleranz erlernt?*
Charly: »Wir mussten uns das selbst beibringen und haben über die Zeit einiges dazugelernt.

12-jährige Kiddies beleidigen andere einfach so. Aber mit der Zeit lernen sie, dass sie so was einfach nicht mehr bringen können. Auch weil andere im Netz aufpassen und fragen, warum machst du das eigentlich? Kannst du mal ein bisschen darüber nachdenken, was du da so schreibst? Es braucht Zeit, aber die Jugendlichen bekommen das ganz gut hin.

### 3. Beispiel: Was sind Bots?

Im Internet treffen Kinder auf Bots, oft ohne es zu merken. So werden Computerprogramme genannt, die vortäuschen, ein Mensch zu sein. In sozialen Netzwerken geben sie sich als Personen aus und sind die technische Begleitwaffe der Fake-News. Diese Bots kennen nur eine Aufgabe: Massenhaft Falschnachrichten zu verbreiten, um so durch ausgelösten Unmut und Unzufriedenheit in der Bevölkerung zu einer scheinbaren Meinungsbildung beizutragen, die dann wiederum in den persönlichen Netzwerken der jeweiligen Leser geteilt wird. Damit Kinder und wir sie als Bots entlarven können, müssen wir uns schon die Mühe machen, auf das Profil der von ihnen verwendeten Pseudonyme zu gehen. Schreiben die selbst sonst keine persönlichen Einträge oder Kommentare, handelt es sich bei ihnen meistens um Bots.

Es gibt allerdings noch andere Bots, die es mehr auf unser Konsumverhalten und das unserer Kinder abzielen: sogenannte Chatbots, die uns immer öfter auf Webseiten von Onlinekaufhäusern begegnen. Ungefragt öffnet sich dann ein Fenster mit einer abgebildeten, aber fiktiven Person, die wie ein Verkäufer im Laden fragt, ob sie uns helfen kann. Das ist deshalb problematisch, weil Kinder und wir nie wissen können, mit wem wir da gerade auf einer Webseite im Netz kommunizieren: Mensch? Maschine? Bisher fallen diese Chatbots im Internet noch auf, weil sie schnell, aber nicht immer intelligent auf Fragen reagieren. Darum beauftragen Agenturen eigens Dramaturgen, um die Textqualität weiter zu verbessern, bis wir eines Tages überhaupt keinen Unterschied mehr bemerken.

**4. Beispiel: Was sind allgemeine Geschäftsbedingungen?**
Laut dem Deutschen Institut für Vertrauen und Sicherheit im Internet (DIVSI) lesen etwa 18 Prozent der Menschen die Geschäftsbedingungen. Stand 2014. Auch Kinder sind viel schneller und sorgloser bereit, ungelesen die AGBs zu akzeptieren, um möglichst rasch auf eine bestimmte Webseite oder eine App zugreifen zu können. Kein Wunder, die Lektüre ist oft kilometerlang und in einer recht unverständlich verklausulierten Sprache verfasst. Aus gutem Grund: Viele Anbieter wie etwa WhatsApp räumen sich dabei Rechte ein, denen eigentlich niemand guten Gewissens zustimmen dürfte. Darum möchte die Firma Purple seit Jahren die Webnutzer für dieses Thema sensibilisieren. Bei einem Festival stimmten so 22.000 Gäste den WLAN-Bedingungen zu und verpflichteten sich so unbemerkt, über 40 Tage öffentliche Toiletten zu putzen. Auf jeden Fall eine gute Diskussionsgrundlage für uns und unsere Kinder.

Zur Lesefähigkeit gehören auch die Themen soziale Netzwerke (Seite 187) und Programmieren (Seite 244).

## ORIENTIERUNG
## UND DIE WELT DER APPS

Unabhängig davon haben sich Smartphone und Tablet zu den wichtigsten Instrumenten digitaler Spiele entwickelt. Dem Berliner Digitalverband Bitkom zufolge wurden alleine 2016 in Deutschland 28 Millionen Smartphones verkauft. Im selben Jahr verzeichnete der Bundesverband Interaktive Unterhaltungssoftware (BIU) hierzulande durch Spiele-Apps einen Gewinnzuwachs von 30 Prozent auf 409 Millionen Euro. Dem BIU zufolge spielen insgesamt 17,3 Millionen Menschen mit dem Smartphone, etwa die Hälfte davon täglich. Kein Wunder, denn das Smartphone ist ein Alltagsgegenstand, der ständig und überall dabei ist und durch seine Funktionen und Möglichkeiten schnell mal zu Kurzweil und Spiel verführt. Der Erfolg der Apps ist rasch erklärt: Sie kosten nur wenig oder gar kein Geld und sie lassen sich mühelos und einfach installieren. Apps sind nützlich, unterhaltsam oder dienen der Kommunikation. Die Anzahl der Apps ist unüberschaubar. Ständig sprudeln neue Miniprogramme aus den App Stores. Und das, obwohl sich gerade für deutsche Entwickler die Produktion nur selten rechnet und Geld und Arbeitszeit wieder einspielt. Erstaunlicherweise gibt es dafür genaugenommen zwei große Läden: Google Play und iTunes. Um das in ein

Beispiel aus unserer Lebenswelt zu übertragen: Wäre es nicht merkwürdig, wenn es für Brot und Jacken nur zwei Geschäfte gäbe? Weltweit?

**Typologie der Apps für Kinder und Jugendliche**
Es gibt sehr viel gute, kluge und innovative Angebote im App-Markt für Kinder. Sie können ihnen Geschichten erzählen, auf motivierende Weise ihren Lernnachmittag unterstützen, sie in spezielle Fertigkeiten wie Programmieren einführen oder einfach nur Spaß machen. Nur diese Apps auch zu finden ist nicht ganz so einfach, weil sich weder Google Play noch iTunes in der Präsentation besonders große Mühe geben. Und es gibt auch massenhaft schlechte Apps und sehr viel Schrott. Da das App-Angebot für Eltern also recht unübersichtlich bleibt, bringt die folgende allgemeine Kategorisierung ein wenig mehr Licht ins Dunkel, um Vor- und Nachteile der einzelnen Genres besser verstehen zu können. Zeitliche Vereinbarungen mit Kindern bleiben unerlässlich, aber diese Einschätzung hilft unter anderem auch herauszufinden, welche Gattungen Kinder wie binden.

# BILDUNG

**Vorschule**
Die meisten Apps gibt es für Kinder im Vorschulalter. Damit lernen sie auf spielerische Weise den ersten Umgang mit Zahlen, Buchstaben, Formen, Farben und Fremd-

sprachen wie zum Beispiel bei »Squirrel & Bär« (Good Evil) kennen. Auch an erste Sachthemen wie Wetter, Ernährung oder Autos führen manche dieser Apps behutsam heran.

**Vorteil**: Diese Apps machen keinen Druck. Die Kinder bestimmen ihr Lerntempo alleine und wählen ihre Schwerpunkte selbst aus.

**Nachteil**: Die Qualität der Apps ist dabei recht unterschiedlich, von genial bis lausig. Manche Apps schaden Kindern, weil sie deren psychische Entwicklung nicht berücksichtigen.

### Animierte Bilderbücher

Animierte Bilderbücher verfügen oft über eine Vorlesefunktion, dürfen aber auch selbst gelesen und betrachtet werden. Ein Fingertipp auf Figuren und Gegenstände löst kleine Animationen aus. Auch gibt es echte Bilderbücher, die mit einer App weitere Möglichkeiten entfalten, indem Kinder das Tablet über das Buch halten. Die App WuWu (Step In Books für Android und iOS) löst mit Hilfe von Augmented Reality (Erweiterte Realität) weitere animierte Effekte aus.

**Vorteil:** In der Regel sind animierte Bilderbücher sehr gut illustriert, da die Verleger mit bekannten Bilderbuchkünstlern arbeiten. Das Genre setzt Kinder nicht unter Stress. Bestimmte Aktionen wiederholen sie so oft sie wollen.

**Nachteil:** Vom innovativen Standpunkt her betrachtet waren wir zu CD-ROM-Zeiten schon mal deutlich weiter.

So einfallsreich ist das nicht: Das Schwein quiekt, die Kuh macht »Muh«. Einigen Anbietern ist durchaus bewusst, wie dünn die Ideen sind, und sie nennen das »reizarm«.

## Lernen

Apps sind wunderbare Helfer im Lernnachmittag. Mit ihnen üben Kinder entweder spielerisch oder pragmatisch Rechnen, Deutsch und Fremdsprachen. Allerdings sind diese Apps nur als Unterstützung und Ergänzung zu den üblichen Lernpraktiken gedacht. Lernapps motivieren und machen Spaß, aber sie verbessern nicht automatisch die Note.

**Vorteil:** Die Schüler bestimmen ihr Lerntempo alleine. Mit Hilfe einer Lernstandskontrolle erhalten sie einen Einblick, was schon gut gelingt und an welcher Stelle noch Handlungsbedarf besteht.

**Nachteil:** Das Angebot an ernstzunehmender Lernsoftware ist recht begrenzt – zumindest in Deutschland. Die Schulbuchverlage halten sich zurück, vermutlich weil mit den niedrigen Verkaufspreisen und allein im deutschen Markt kaum Geld zu verdienen ist. Außerdem fehlt es auch hier deutlich an Innovation. Erstaunlicherweise gibt es kaum Apps, mit denen Kinder das handschriftliche Schreiben üben können.

## Sachthemen

In den App Stores stecken auch tolle Apps, die Kindern die Welt erklären. Selbst komplexe Themen vermitteln sie verständlich. Zu den Schwerpunkten gehören unter anderem

Biologie, Physik, Musik, Kunst, Geographie, Religion und Geschichte.

**Vorteil**: Im Gegensatz zum Sachbuch machen Apps zu Sachthemen bestimmte Vorgänge durch Animationen und Videos anschaulich nachvollziehbar.

**Nachteil:** Leider sind auch gute Sachapps auf dem deutschen Markt nur rar gesät. Aber die wenigen Apps, die es gibt, sind zum größten Teil wirklich großartig.

### Programmieren

Programmieren ist eine Denkweise. Die meisten Apps dazu funktionieren spielerisch und selbsterklärend. Dabei hilft das Prinzip »Versuch und Irrtum«. Was passiert, wenn in Abläufe bestimmte Anweisungen (»gehe links«) integriert werden?

**Vorteil**: Es gibt zahlreiche Apps zum Programmieren, teilweise englischsprachig, aber gut verständlich. Auch gibt es inzwischen sehr viel elektronisches Robotik-Spielzeug, das mit Hilfe der Apps gesteuert wird. Lego Education zum Beispiel versucht, mit einem Baukasten »WeDo 2.0« und einer App einen Fuß in die Tür der Schulen zu bekommen.

**Nachteil**: Sobald elektronisches Spielzeug hinzukommt, wird die Angelegenheit sehr kostspielig.

### Spiele

Keine Frage, an Spielen herrscht in der App-Welt wahrlich kein Mangel und mit dem Smartphone wird der App Store zum teilweise kostenlosen Bonbonladen.

**Minispiele** haben kurze Runden und lassen sich mal schnell zwischendurch spielen. Es ist aber ein bisschen wie mit dem Essen von Erdnüssen. Der Spieler sagt sich, dass nach dem nächsten Level Schluss sei. Aber dann kommt er doch nicht so schnell davon los.

**Vorteil**: Meistens gute Spiele zum Rätseln und Hirnen.

**Nachteil**: Kinder finden hier schlecht ein Ende.

**Mini-Simulationen** laden zum Führen eines Restaurants oder eines Sushi- und Pizzaladens ein, um phantasiereiche Speisen zu kredenzen. Manchmal je ekliger, desto lustiger. Ähnlich wie der Kuchen aus dem Sandkasten.

**Vorteil**: Kurze Runden. Mal ganz lustig.

**Nachteil**: Kein richtiges Spielende.

**Anziehspiele** wie von TocaBoca sind bei Mädchen besonders beliebt. Unermüdlich ziehen sie den großäugigen Heldinnen Kleider, Hosen, Blusen und Sonnenbrillen an und aus.

**Vorteil**: Ist ein Spielangebot für Mädchen, das sie nicht unter Druck setzt, und es kann keiner verlieren.

**Nachteil**: Anspruchsvoll ist es trotzdem nicht gerade.

**Brettspiele-Adaptionen** haben durchaus ihre Berechtigung. Natürlich ist ein richtiges Brettspiel immer besser als eine App. Doch was tun, wenn es keine Mitspieler gibt? Auch im Urlaub braucht ein Tablet mit vielen Brettspielapps darauf weniger Platz als drei Spielkartons im Reisekoffer.

**Vorteil**: Brettspielapps sind günstiger als das Original, warten aber noch oft mit weiteren Ideen und Varianten auf. Tutorials statt unverständlicher Spielanleitungen.

**Nachteil**: Es sind nicht alle Umsetzungen gut.

**Video-Spiele** kommen ebenfalls als App heraus, was besonders Fans dieser Titel anspricht.

**Vorteil**: Bekannte Markennamen finden auch hier statt. Zum Beispiel »Super Mario«.

**Nachteil**: Überzeugt nicht immer, weil die ursprüngliche Fassung für PC oder Konsole eine andere Usability hat. Manche Spiele sind außerdem zu teuer oder sie kommen dann im Kostenlos-Gewand mit In-App-Käufen. Weil Kinder diese Marken kennen, wollen sie dann die App-Version.

**Serious Games** heißen Spiele mit einem ernsten Bezug. Sie sollen spielerisch für problematische Themen aus dem echten Leben sensibilisieren. Etwa für Straßenverkehr, Gebärdensprache, Leben mit Behinderung (Toll: »The Unstoppables« von Cerebral) oder Demokratieverständnis.

**Vorteil**: Brisante Themen werden in Spiele gepackt. Gut für die Schule. Mitunter toll gemacht.

**Nachteil**: Selten etwas, was Kinder freiwillig in ihrer Freizeit spielen möchten.

**Elektronisches Spielzeug** wird in der Regel per App gesteuert. Die Kinder haben gleichzeitig etwas Haptisches und etwas Virtuelles. Es gibt Drohnen, Roboter, Rennbahnen und vieles mehr.

**Vorteil:** Die Mischung macht wirklich Spaß.

**Nachteil:** Teuer. Aber auch datenschutztechnisch gibt es nicht unerhebliche Kritik (siehe Seite 131). Die Puppe »Cayla« wurde wegen solcher Mängel sogar von der Bundesnetzagentur verboten.

**Kreativität** hat das meiste Potential. Denn mit kreativen Apps lernen Kinder das selbständige Gestalten und Erschaffen unterschiedlichster eigener Werke. Gute Apps dazu werden auf Seite 241 vorgestellt.

**Vorteil:** Kinder lernen Smartphone und Tablet auch als tolles Werkzeug kennen.

**Nachteil:** Es kann schon mal länger dauern, wenn zum Beispiel ein Fotoroman erstellt wird.

**Kommunikation** spielt die größte Rolle. Hier heißen die üblichen Verdächtigen WhatsApp, Snapchat, Instagram & Co., die auf Seite 186 sehr eingehend erklärt werden.

**Vorteil:** Kinder können hier ihre sozialen Kompetenzen verbessern und mit Freunden in Verbindung bleiben.

**Nachteil:** Oft zu zeitintensiv.

## Orientierung und Schutz

**Reden wir über Geld**

Viele Eltern sind der festen Ansicht, das Smartphone sei das Internet in der Hosentasche. Das stimmt aber leider nicht. Smartphones sind vor allem eines: Ein Shop in der

Hosentasche. Damit soll ständig und überall eingekauft werden. Allerdings sind damit nicht allein Apps gemeint, sondern auch etwa das Buchen von Fahrkarten oder Bestellungen bei Amazon. Schon heute zahlen Kunden in einigen ALDI-Filialen und anderen Discountern mit ihrem Smartphone. Apple hat mit Apple Pay sogar ein eigenes Bezahlsystem entwickelt, das auch schon in ersten europäischen Ländern eingeführt wurde und wohl auch demnächst Deutschland erreicht. In den USA besuchen Kunden seit kurzem ein von Amazon betriebenes echtes Ladengeschäft, das vollkommen auf Kassen verzichtet. Der Konsument betritt den Laden, steckt sich die gewünschten Waren einfach fröhlich in die Tasche und geht dann wieder zur Ladentür hinaus. Eine zuvor installierte App listet automatisch die Artikel auf. Abgebucht wird zum Schluss. Kassenschlangen gibt es nicht, Kassiererinnen allerdings auch nicht. Für viele unter uns mögen alle diese neuen Möglichkeiten des bargeldlosen Zahlungsverkehrs von Vorteil sein.

Aber was bedeutet das für Kinder?

**Aus Kindern werden Kunden**

Das Smartphone konditioniert bereits Kinder konsequent zum Kunden. Wer etwa im App Store von Apple eine kostenlose App herunterladen möchte, muss erst den gewöhnlichen Kaufvorgang mit Apple-ID und Kennwort durchlaufen. Auf diese Weise lernen Kinder früh, wie bei Apple die Sache mit dem Bezahlen funktioniert, und sie wissen dann später auch bestens Bescheid, wenn sie eines Tages tatsächlich damit Geld ausgeben.

»Dass Kinder zu Konsumenten gemacht werden sollen, ist nicht neu«, sagt Prof. Klaus Hurrelmann in seinem Berliner Büro der Hertie School of Governance. »Ich würde keine ganz große Thematik daraus machen, denn die hat sich durch die Digitalisierung nicht wahnsinnig verschoben. Aber es ist alles schneller, intensiver, subkutaner, trickreicher – darum muss man schon aufpassen, dass man da nicht durch die Entwicklung überrollt wird. Am Ende muss ich mit meinem Kind das Budget aushandeln, aber auch erklären, welche Mechanismen und Geschäftsideen dahinterstehen. Das gehört alles zum Komplex der Medienkompetenz – Bildung gehört dazu, aber es geht auch um Finanz- und Wirtschaftskompetenz.«

Es kommt aber noch etwas anderes hinzu: Online getätigte Einkäufe werden genau analysiert und unser Kaufverhalten samt Vorlieben beobachtet und ausgewertet. Jetzt könnten wir ja – ähnlich wie beim Thema Überwachung – müde mit den Schultern zucken und sagen: »Na und? Was kann schon aus diesen paar Einkäufen herausgelesen werden?«

Großer Denkfehler.

**»Ich muss dir was sagen«**

Vor ein paar Jahren hat sich ein Vater in den Vereinigten Staaten nach einem Einkauf seiner minderjährigen Tochter bei einer Firma darüber beklagt, dass das Mädchen anschließend Werbung für Babynahrung, Kinderwagen und Windeln erhalten hatte. Die Company war sich keiner Schuld bewusst und argumentierte, dass sich die Reklame

**115**

nur am Einkauf des Mädchens orientiert hatte. Aufgrund ihres Kaufverhaltens sei die Firma von einer Schwangerschaft bei ihr ausgegangen. Der Vater suchte seine Tochter auf und erzählte ihr sichtlich amüsiert von der schrägen Firmenantwort. Das Mädchen fand das allerdings überhaupt nicht lustig. Nach einer betretenen Pause teilte sie ihrem Vater zögernd mit, sie müsse ihm etwas beichten.

Wie kann es also sein, dass ein Unternehmen durch unser Kaufverhalten mehr über uns zu wissen scheint, als möglicherweise die eigene Familie? Wie viel sich von unseren Einkäufen ablesen lässt, ist unangenehm und gruselig.

Wollen wir wirklich, dass bei uns oder unseren Kindern durch banale Einkäufe die Grenzen unserer Privatsphäre überschritten werden? Das ist ganz klar ein Thema, das in der Familie besprochen werden muss.

### Wie Kinder im Web einkaufen

Gutscheinkarten aus dem Weg zu gehen, ist heutzutage beinahe schon unmöglich. Sie hängen im Lebensmitteldiscounter, in der Drogerie, ja selbst an der Tankstelle, immer in unmittelbarer Nähe der Kasse. Und welche Vielzahl von Gutscheinkarten es gibt: iTunes, App Store, Google Play, Paysafe, Amazon, Facebook, Zalando und viele mehr.

Wozu wurden diese Gutscheinkarten eigentlich erfunden? Ganz einfach: damit Menschen, die über keine eigene Kreditkarte verfügen, im Internet einkaufen können. Kinder zum Beispiel.

Da Kinder bekanntlich nicht besonders gut mit Geld

umgehen können, dürfte ihnen das sparsame Wirtschaften mit Gutscheinkarten noch deutlich schwerer fallen. Kaufen sie zum Beispiel mit echtem Bargeld echte Fußballsammelbilder, müssen sie erst zum Laden oder Kiosk gehen. Mit Gutscheinkarten, die sie in der Regel zum Geburtstag und zu anderen Anlässen geschenkt bekommen, verhält es sich gänzlich anders: Denn damit bezahlen Kinder mit ihrem Smartphone so wie Erwachsene von jedem beliebigen Standort aus. Das ist sehr komfortabel, aber vor allem auch sehr verführerisch, gerade hinsichtlich der Spiele-Apps. Bei echtem Geld können Kinder wenigstens praktisch zusehen, wie es nach jedem Kauf dahinschmilzt. Bei Gutscheinkarten ist das abstrakter und unübersichtlicher. Außerdem besteht die »Ware«, die mit den Gutscheinkarten für gewöhnlich bezahlt wird, meist aus digitalen Inhalten. Also nichts, was Kinder stolz nach dem Kauf in einer Tüte nach Hause tragen können. Das ist nichts Neues. Schon vor Jahren sollten Kinder für virtuelle Einrichtungsgegenstände auf einer Kinderwebseite bezahlen. Und später hat auch so mancher Erwachsene beim Online-Spiel »Second Life« nicht widerstehen können, virtuelle Schuhe zu kaufen. Aber es kommt ein Aspekt hinzu, der einen wichtigen Teil der Erziehung aushebelt.

### Kaufen ohne zu fragen

Mit ihrem Smartphone entscheiden Kinder zum ersten Mal alleine, was sie kaufen. Sie müssen weder jemanden um Erlaubnis bitten noch lange sparen. Als die Gameboy-Spiele noch mit 30–40 Euro zu Buche schlugen, ließ sich das mit einem gewöhnlichen Taschengeldbudget nicht stemmen. Apps jedoch kosten oft nur knapp einen Euro oder gar nichts. Genau darum sind App Stores das digitale Schlaraffenland. Bitte nicht falsch verstehen: Spielen an sich ist etwas Gutes, aber dass es nicht klug sein kann, Kindern alleine die Auswahl zu überlassen, leuchtet doch jedem ein. Auf beliebte Spiele stoßen sie häufig durch Mundpropaganda von Seiten der Freunde und Mitschüler. Dabei liegt mit an Sicherheit grenzender Wahrscheinlichkeit ihrer Auswahl kein pädagogisch sinnvoller Kriterienkatalog zugrunde. Wir Eltern sollten Kinder nicht mit der Auswahl ihrer Spielwelten alleine lassen, sondern sie hier wie beim klassischen Spielzeug auch begleiten, beraten und mitentscheiden, damit sie nicht an die falschen Spiele geraten.

**Wenn Apps Angst machen**

Bei meinen Lesungen und Workshops in Grundschulen sprechen mich immer wieder Kinder auf die App »Talking Angela« an. Sie haben sie heruntergeladen und wollen von mir nun wissen, ob es denn wirklich stimme, dass sie durch die Kulleraugen dieser Katze von einem Pädophilen beobachtet werden würden. Selbst nachdem ich ihnen ausführlich versichert habe, dass es nur ein blödes Gerücht sei, damit die App möglichst häufig heruntergeladen wird, bleibt die Angst. Mittlerweile wurde diese App millionenfach heruntergeladen. Der Hersteller dürfte nichts dagegen haben, wenn eine App voller Werbung, In-App-Käufen und Verlinkungsangeboten zu Facebook ohne großes

Werbebudget einen solch großen Bekanntheitsgrad erreicht.

Schon allein darum ist es wichtig, sich von Kindern regelmäßig ihre Errungenschaften zeigen und vor allem auch erklären zu lassen. Wer darüber hinaus sichergehen will, um was für eine App es sich handelt, kann den Namen des Spiels in eine Suchmaschine eingeben und die Ergebnisse auf besorgniserregende Aussagen hin überprüfen.

### »Free-to-play« oder kostenlos ist viel zu teuer

Früher war es ja so: Das Kind wünschte sich ein Spiel oder musste darauf sparen. In den App Stores hat sich allerdings ein alternatives Geschäftsmodell etabliert: »Free-to-play«, zu Deutsch: kostenlos spielen. Sprachlich falsch, aber inhaltlich richtig ließe sich das besser mit »viel zu teuer« übersetzen. In den meisten Spielen bekommen Kinder Spielgeld, Waffen oder Diamanten geschenkt, um so mit dem Bezahlsystem des jeweiligen Spiels vertraut gemacht zu werden. Das ist nichts anderes als ein klassisches Anfixen. Denn kaum sind ihre Schätze in Nullkommanix verbraucht, lässt sich für kleines Geld rasch Nachschub besorgen. Natürlich sind Kinder dazu bereit, weil sie sich mitten im Flow des Spiels befinden. Wenn etwa die Prinzessin aus den Klauen des Bösewichts gerettet werden soll, ist der Schritt zum Kauf nicht weit. Das ist eigentlich nur eines: eine sehr perfide Methode, Kindern ihr Geld aus der Tasche zu ziehen.

### Harte und weiche Monetarisierung

In der *weichen Monetarisierung* können Kinder Geld ausgeben, damit es im Spiel weitergeht. Oder zu einem früheren Level zurückkehren, um sich das Spielgeld durch bestimmte Tätigkeiten zu verdienen. In der *harten Monetarisierung* geht es ohne das Ausgeben von Geld nicht weiter. Spieler, die dem widerstehen können und sich dann einer anderen App zuwenden, bekommen irgendwann zum Beispiel Diamanten geschenkt, damit sie wieder ins Spiel zurückkehren und am Ende vielleicht doch Geld ausgeben.

Eines der bekanntesten App-Spiele heißt »Clash of Clans«. Im Jahr 2013 hat die Firma Supercell, die nur ungern Zahlen rausrückt, 2,5 Millionen Dollar mit In-App-Käufen verdient. Am Tag. In der Zwischenzeit geistert die Zahl von fünf Millionen Dollar durch das Netz, was bislang nicht bestätigt wurde, aber auch nicht ganz unrealistisch erscheint. Es gibt sehr, sehr viele Apps, die so funktionieren. Alle Kinder, die ein Smartphone besitzen, kennen das traurige Gefühl, wenn sich das Guthaben ihrer Gutscheinkarten praktisch unbemerkt verflüchtigt hat. Viele Kinder können das dahintersteckende Geschäftsmodell nicht durchschauen, wenn es ihnen keiner erklärt. Um ihnen das deutlich zu machen, müssen wir es mit ihnen erörtern, damit sie sich einerseits entlastet fühlen und andererseits nicht so viel Geld ausgeben. Die Faszination solcher Spiele ist sehr stark und ganz vermeiden lässt sich die Beschäftigung damit nicht, aber dann sollten sich Kinder vorher ein festes Limit setzen. Die Spiele haben aber noch einen Trick: Sie machen Druck.

## »Komm zurück, deine Krieger warten auf dich«

Was Eltern wissen sollten: Damit Kinder wieder ins Spiel zurückkehren, um am Ende vielleicht doch Geld auszugeben, haben sich die Macher solcher Spiele etwas Perfides ausgedacht: Sie schicken Nachrichten. Zu jeder Tages- und Nachtzeit. In »Clash of Clans« zum Beispiel steht dann »Dein Dorf wurde angegriffen« oder »Dein Clan braucht einen Anführer«. Das bedeutet, dass die Spiele entscheiden wollen, wann gespielt wird. Um zu zeigen, wie schwachsinnig diese Methode ist, reicht ein Vergleich mit der echten Welt.

Stellen Sie sich bitte vor, sie liegen nachts im Bett und schlafen tief und fest. Plötzlich fängt das Buch auf dem Nachtisch an, wild mit den Seiten zu flattern und ruft: »Komme zurück, Kommissar Wallander wartet auf dich.« Oder die Schlafzimmertür öffnet sich und der Fernseher kommt herein und sagt: »Schalte mich ein, du hast noch nicht genug geguckt.«

Hätte was, sicher. Wäre aber doch reichlich seltsam.

Durch diese irrwitzigen und raffinierten Methoden geben nicht nur Kinder weitaus mehr Geld aus, als sie wollen oder ihnen bewusst ist. Dazu kommen noch Abzocktricks, indem Abos abgeschlossen werden, weil das Kind auf eine Werbung getippt hat. Doch was tun?

**Womit Spiele-Apps Kinder an sich binden**

- Balance: Spiele dürfen nicht zu leicht, aber auch nicht zu schwer sein.
- Spannung der Handlung, Spannung, ob die Herausforderung bewältigt wird oder nicht.
- Sieg und Erfolge steigern das Selbstwertgefühl.
- Niederlagen spornen an, es noch einmal zu versuchen.
- Das Gefühl, tatsächlich einen Einfluss auf die Abläufe zu haben.
- Besonderer Reiz, sich mit anderen zu messen.
- Sich mit Spielen beschäftigen, die Let's Player vorgestellt haben.
- Aufbau von Welten, von Spielfiguren und ihren Items und Schätzen und Angst vor deren Verlust.
- Investition von Zeit und Geld soll nicht umsonst geschehen sein.
- Zugehörigkeitsgefühl zu bestimmten Spielwelten.
- Freunde, die für das Spiel schwärmen.
- Spiele senden Nachrichten.

## 1. Drittanbietersperre ist Pflicht

Bei manchen Apps reicht schon das versehentliche Antippen eines Werbebanners, um ein Abo abzuschließen. Die Welt der Apps steckt leider auch voller Fallen. Peter Knaak von *Stiftung Warentest* rät: »Vor allem Kinder werden mit Abos etwa für animierte Smileys oder vermeintlich kostenlose Apps abgezockt. Die fälligen 5 oder auch fast 50 Euro monatlich kassiert der Mobilfunkbetreiber im Auftrag des

›Drittanbieters‹. Das Kostenrisiko können Eltern vermeiden. Auf Antrag ihrer Kunden müssen Telefongesellschaften nämlich kostenlos eine sogenannte Drittanbietersperre einrichten. Beantragen Sie diese einfach im Mobilfunkshop, über die Kundenhotline oder schriftlich bei der Telefongesellschaft.«

Darum ist diese sogenannte Drittanbietersperre auf den Smartphones von Kindern Pflicht, wenn wir vermeiden wollen, dass solche unlauteren Abzockmethoden greifen.

## 2. Es hilft, In-App-Käufe zu deaktivieren

Damit es nicht zu unkontrollierten Einkäufen kommt, lassen sich an den Geräten bestimmte Voreinstellungen treffen. Während sich das bei Apple-Geräten gezielt abschalten lässt, setzt Android auf einen Schutz durch ein Passwort. Der Rat von *Stiftung Warentest*-Redakteur Peter Knaak lautet: »Mit speziellen Jugendschutz-Apps für Android-Geräte können Eltern die Nutzung der Smartphones ihrer Kinder einschränken. Eine Beispiel-Software ist die App »Parental Control« des Anbieters ESET. Bereits mit der kostenfreien Version legen Eltern mit ihr Zeitkontingente und -fenster für Spiel und Spaß fest.«

## 3. Deaktivieren der mobilen Daten im Ausland

Wenn Kinder mit ihren Apps am Ferienort spielen wollen und Internet benötigen, reicht auch eine Nutzung im WLAN. Seit Sommer 2017 sind die sogenannten Roaming-Gebühren beim Aufenthalt in den EU-Ländern Vergangenheit. Fast. Denn so mancher von der politischen Entscheidung wenig begeisterte Mobilfunkanbieter hat findige Wege gefunden, doch wieder zu Geld kommen. Darum wird allgemein empfohlen, die Mobilfunkverträge genau zu prüfen.

Tipp: Der beste Schutz vor Abzocke mit Mobilfunkgebühren im Ausland ist, erst gar nicht online zu gehen oder in den Einstellungen des Smartphones die mobilen Daten zu deaktivieren. Eigentlich kein Problem, Urlaub ist auch Off-Zeit.

### 4. Keine Handynummer eingeben

Manche Anbieter von Spielen im Internet wollen, dass Kinder ohne Gutscheinkarte bezahlen. Geht es nach den Anbietern solcher Spiele, sollen Kinder weder jemanden um Erlaubnis fragen noch heimlich die Kreditkarte der Eltern benutzen, sondern einfach nur ihre Mobilfunknummer eingeben. So sind die getätigten Einkäufe nicht nur unüberschaubar, sondern es kann auch zu bösen Überraschungen kommen. Prepaid-Geräte sind da gedeckelt, aber bei Verträgen kann es sehr teuer werden. Da kann eine Mobilfunkrechnung auch mal bei 600 Euro liegen. Und jetzt?

### Was tun bei Kostenfallen?

In England zum Beispiel staunten die Eltern eines Fünfjährigen nicht schlecht, als ihr Junge in nur wenigen Minuten in In-App-Käufen umgerechnet 2000 Euro ausgegeben hatte. Nachdem die Sache publik wurde, hat die Firma Apple den Eltern die Summe erlassen und sich damit die Gelegenheit für eine positive Pressemeldung nicht entgehen lassen. Kulanz kann gute PR sein. Doch nicht immer geht so eine Geschichte so glimpflich aus.

Mein Tipp ist: Wenn es tatsächlich zu Zahlungen gekommen ist, die aus Versehen entstanden sind, helfen Verbraucherzentralen, die es fast überall in Deutschland gibt. Eine Übersicht finden Sie unter www.bundesverbraucherzentrale.de. Eine Beratung für eine halbe oder ganze Stunde schlägt dann zwar auch mit Geld zu Buche, aber die Verbraucherzentrale leitet genervte Eltern hilfreich und kompetent durch das ganze Prozedere. Das Ergebnis ist von Fall zu Fall unterschiedlich. Manchmal müssen Eltern gar nichts zahlen, manchmal einen geringen Betrag. Eine Garantie für Erfolg gibt es nicht, aber zu leicht sollten wir es Firmen und Abzock-Games doch nicht machen.

**Was ist mit dem Jugendschutz?**
Während die Firma Apple ihre eigenen, nicht immer nachvollziehbaren Altersempfehlungen bei Apps trifft, hat sich Google in Deutschland mit der Unterhaltungssoftware Selbstkontrolle (USK) zusammengetan, die bei PC- und Konsolenspiele die Alterskennzeichen 0 Jahre, 6 Jahre, 12 Jahre, 16 Jahre und 18 Jahre vergibt. Für Apps arbeitet die USK in einem internationalen Verbund namens *International Age Rating Coalition*, kurz IARC, zusammen. »Beim IARC-Verfahren nehmen Anbieter vor Veröffentlichung ihres Produktes eine Selbstauskunft zu jugendschutzrelevanten Inhalten vor, die auf international entwickelten Kriterien basiert«, erklärt Lukas Neuerburg von der USK. Fehleinstufungen würden sofort korrigiert. Die

USK träfe damit nur eine Aussage über »eine potentielle Entwicklungsbeeinträchtigung für Kinder und Jugendliche«, erklärt Neuerburg, aber nichts über die in Apps möglichen Elemente der Kommunikation, Datenweitergabe oder der Bezahlsysteme. Und noch ein wichtiges Thema spart der Prüfungsprozess aus: Ob und welche Spiele durch raffinierte Methoden ein gewisses Suchtpotential bei Spielern entwickeln können. Für viele Eltern, Pädagogen und Fachleute ist das Ausklammern dieser Punkte ein großer Fehler.

**Und was ist mit dem Datenschutz?**
Es gibt keinen Datenschutz.

Im Ernst jetzt?

Absolut. Diese Bilanz ist traurig, aber wahr. Und seien wir ehrlich: Spätestens seit Edward Snowden, der die Schnüffel-Methoden des amerikanischen Geheimdienstes öffentlich gemacht hat und seitdem in Russland leben muss, ist es Gewissheit: Es gibt nichts im Internet, an das versierte Fachleute von der NSA nicht herankommen. Snowdens Enthüllungen haben zwar viele Menschen schockiert, aber niemanden ernsthaft überrascht. Jedoch macht es uns wütend und machtlos – und das ist einfach ein ganz mieses Gefühl. Ausspioniert zu werden lässt sich auch nicht durch die Gefahr des Terrorismus rechtfertigen, um erst mal alle Internetnutzer unter Generalverdacht zu stellen. Dieses Gebaren lässt jeden freiheitsliebenden Menschen die Haare zu Berge stehen.

Und es ist ja auch nicht so, dass ich mir keinen Datenschutz wünschen würde. Er ist sogar zweifellos wichtig, aber eben nur ein schöner Gedanke und eine Illusion. Offensichtlich müssen wir uns mit dieser Hilflosigkeit abfinden, dass es im Internet weder Privatsphäre noch Sicherheit gibt. Auch wenn sich seit Snowden nur wenig am Internetverhalten der Erwachsenen geändert hat, so müssen Kinder und Jugendliche von Anfang wissen, dass einfach alles, was erst mal online gegangen ist, gefunden, ausgewertet und missbraucht werden kann. Ganz gleich, ob das Kurznachrichten, E-Mails oder intime Fotos und private Videos betrifft. Es ist die allerwichtigste Botschaft überhaupt, die wir Kindern im Zusammenhang mit Neuen Medien vermitteln müssen. Karin Knop von der Uni Mannheim rät: »Ich kann nur auf bestimmte Dinge achten und das Risiko minimieren. Es gibt eigentlich nur noch eine Form der Schadensbegrenzung. Schadenbegrenzung durch bessere Sicherheitseinstellungen, Löschen von Suchhistorien und so weiter. Alles andere ist Fiktion.«

Vielleicht sind ja Deutschlands Datenschutzbeauftragte deshalb so unerbittlich streng, weil sie ganz tief in ihrem Inneren ahnen, dass keine Daten wirklich geschützt werden können.

**Was bringt Verschlüsselung?**

»Ich finde es wichtig, seinen Kindern beizubringen, was die NSA ist und was sie macht«, bestätigt Prof. Stöcker von der HAW. »Auch wenn Kinder glauben, dass sich die NSA nicht für sie interessiert, ändert das nichts am Sachverhalt: Sie sollten sich lieber Plattformen und Kommunikationswege suchen, die verlässlich verschlüsselt sind, wie zum Beispiel Threema.«

Mit gezielter Überwachung hat Stöcker auch ein Problem. »Wenn die Polizei bestimmte Leute oberserviert, auf Basis eines richterlichen Beschlusses, ist das durchaus legitim«, sagt er. »Problematisch wird es erst, wenn die NSA Kommunikation deutscher Staatsbürger ohne Gerichtsbeschluss mitliest. Und das kann man Kindern und Jugendlichen sogar viel besser erklären als Erwachsenen, weil in deren Alltag digitale Kommunikation eine viel zentralere Rolle spielt und ihnen die Vorstellung des Mitlesens vielleicht sogar unangenehmer als Erwachsenen ist.« Auf die Frage, ob Stöcker von Verschlüsselung überzeugt sei, sagt er: »Oh ja, daran glaube ich. Dazu habe ich mich ausführlich genug mit den Snowden-Texten beschäftigt. Es gibt Verschlüsselungssysteme, die die NSA derzeit nicht knacken kann.« Allerdings räumt Stöcker ein, dass ein Geheimdienst, der so mächtig wie die NSA sei, es dennoch mit auf unsere Geräte gesetzten Trojanern schafft, alles mitzulesen, *bevor* es verschlüsselt wird. »Wir können nur das Abfangen unterwegs unterbinden«, erklärt Stöcker.

Eigentlich ist es doch ein Wunder, dass niemand für diese Freiheitsrechte auf die Straße geht und dagegen protestiert. Schade eigentlich, denn was immer wir mit der Gießkanne der Mitteilsamkeit ins Netz schütten, wird zu Big Data.

**Was ist Big Data und was hat das mit Erziehung zu tun?**

Als Nutzer von Smartphone, Tablets und PCs haben wir

schon lange den Überblick verloren, wer und wozu welche Daten von uns sammelt, prüft und auswertet. Mit Hilfe von Algorithmen kann die moderne Technik bestimmte Voraussagen über uns und unsere Kinder treffen. Längst haben wir die Hoheit über unsere Daten verloren. Um Kindern und Jugendlichen deutlicher zu machen, nicht zu viele Informationen im Netz preiszugeben, ist sicher eine allgemeine Aussage wie »Ich habe ja nichts zu verbergen« kein große Hilfe.

»Diesen Satz sollten die Deutschen dringend aus ihrem Wörterbuch streichen«, empfiehlt Yvonne Hofstetter, Juristin und gefragte »Big Data«-Expertin, »denn Data-Scientists geht es überhaupt nicht darum, Daten zu sammeln, um in unsere Vergangenheit zu schauen. Nein. Der Wert von Informationen liegt darin, dass ich ein Stück Information über Sie habe und die Knöpfe kenne, die ich bei Ihnen drehen muss, um Sie in einer bestimmten Art und Weise zu manipulieren.«

*Wie kann ich diese Manipulation meinen Kindern erklären?*

Hofstetter: »Ein schönes Beispiel für so etwas ohne Big Data ist meine Katze. Meine Katze muss ab und zu mit mir verreisen und mehrere Stunden im Auto sitzen. Wenn das Kätzchen jetzt ein Kind wäre, könnte ich ihm sagen: »Wir fahren jetzt vier Stunden Auto. Kannst du bitte noch einmal auf die Toilette gehen, damit wir nicht noch einmal anhalten müssen?« Das geht natürlich bei einer Katze nicht. Aber wie bringe ich meine Katze trotzdem dazu, unmittelbar vor der Abfahrt auf ihre Kiste zu gehen? Das ist ganz einfach, denn ich kenne mittlerweile ihre Knöpfe, an denen ich drehen muss. Und die habe ich durch permanente Observation, durch permanentes Sammeln von Daten über die Art und Weise ihres Verhaltens herausgefunden. Und deswegen weiß ich, denn das habe ich ja durch Analyse und Ausprobieren erfahren, dass ich einfach nur ihre Kiste komplett frisch machen, sie hinstellen und ein bisschen Babypuder draufstreuen muss. Sie geht dann sofort auf die Kiste, das dauert keine Minute. Meine Katze glaubt allerdings, sie habe die Entscheidung, in ihre Kiste zu gehen, frei getroffen. Aber Fakt ist: *Ich* habe diese Entscheidung getroffen – und das ist Big Data für uns.«

*Wenn Kinder ihr erstes Smartphone mit 12, 13 bekommen, was sollen wir ihnen auf den Weg mitgeben?*
Hofstetter: »Kinder sollen nichts von sich preisgeben. Das ist natürlich wahnsinnig schwierig, wenn die anderen alle Selfies posten. Wir müssen ihnen klarmachen, dass sie über Werbeplattformen amerikanischer Konzerne kommunizieren. Es geht hier nicht darum, Informationen auszutauschen, sondern dass jede eingegebene Information ihnen nicht mehr gehört. Sie treten alle Rechte an allen Bildern ab. Die Bilder können irgendwo kursieren und geteilt werden, was zu Cybermobbing und anderen Problemen führt, die Kinder dann in die Verzweiflung bringen. Sie sollen in Bezug auf Informationen extrem vorsichtig und zurückhaltend sein. Sich über Hausaufgaben austauschen ist in Ordnung. Aber keine privaten Informatio-

nen, keine Bilder. Das fällt ihnen hinterher irgendwann vor die Füße, weil die Information schließlich nicht mehr zu löschen sind.«

*Und was raten Sie Eltern?*

Hofstetter: »Eltern sollten keine smarten Spielzeuge verschenken. Denn wenn smarte Spielzeuge wie Roboter und Puppen irgendwo im Kinderzimmer sind, können sie zwar damit agieren, aber es interagiert eigentlich die Firma hinter der Puppe. Das heißt, das Kind spricht nicht mit der Puppe, sondern mit einer Firma.«

**Was wird aus unserer Privatsphäre?**

Verdrängung bringt uns nicht weiter, sondern das Gegenteil: Bewusstsein und Haltung. Nur mit einer kritischen Geisteshaltung, die wir Kindern immer wieder vorleben, können wir sie sensibilisieren, ihre Privatsphäre besser zu schützen und nicht zu freizügig mit Bildern und Informationen zu sein. Soziale Medien suggerieren mit ihren Privatsphäre-Einstellungen, dass wir tatsächlich so etwas wie Kontrolle über unsere Daten behalten. Diese Einstellungen sind sicher wichtig und bedürfen immer wieder einer regelmäßigen Überprüfung, auch wenn sie einem manchmal wie der hilflose Versuch vorkommen, mit einem Pflaster einen Rohrbruch aufzuhalten.

Intimität und Internet schließen sich aus. Privatsphäre lässt sich Kindern und Jugendlichen sehr gut am Beispiel des Badezimmers erklären: Die Badezimmertür wurde erfunden, damit wir ungestört, unverstellt und unbeobachtet sind.

Zu Hause so zu sein, wie wir sind, wird jedoch manchmal von der eigenen Familie missinterpretiert.

> Ein Beispiel:
> Alina kommt von der Arbeit nach Hause. Sie hat gerade die Schuheinlagen abgeholt, noch nichts gegessen und muss in einer Stunde zum Elternabend in der Schule.
> »Was machst du denn für ein Gesicht?«, fragt ihr Mann.
> »Wieso?«, wundert sich Alina. »Ich komme doch nur nach Hause.«

Alle Menschen spielen in ihrem Beruf und Auftreten eine Rolle. Der Verkäufer ist zuvorkommend und superfreundlich, die Gymnasiallehrerin auf positive Weise autoritär, der Arzt ernst und vertrauenserweckend. Doch zu Hause darf sich jeder seiner Rolle wie einem zu engen Paar Schuhe entledigen und einfach echt und ungekünstelt sein, wie er sich gerade fühlt.

Und wem ergeht es genauso? Kindern und Jugendlichen.

»Wenn unsere Tochter von der Schule kommt«, erzählt Naomi, »zieht sie ein Gesicht. Zuerst dachte ich, sie habe schlechte Laune. Ich habe lange gebraucht, bis ich verstanden habe, dass sie zu Hause nur unverstellt ist.«

Kinder müssen in der Schule eine Menge aushalten. Damit ist nicht der Unterricht oder ein bestimmter Lehrer

gemeint, sondern auch, wie rau und grob Schüler miteinander umspringen. Vielleicht hat einer etwas Blödes
oder Gemeines gesagt. Vielleicht gehen die anderen ohne
die Tochter einen Burger essen. Vielleicht gibt es Gruppen-
zwänge.

Das Kind will sich vielleicht vor seinen Freunden diese
Konflikte nicht anmerken lassen. Zu Hause aber kann es so
sein, wie es ist. Darum ist Privatsphäre ein besonders
schützenswertes Gut. Privatsphäre gibt es nur zu Hause,
nicht im Netz.

## 10 Punkte, die uns im Medienzeitalter Orientierung geben und dabei helfen, unsere Kinder zu schützen

### 1. Up to date bleiben

Das Leben im Medienzeitalter ändert sich rasant und ist
deshalb auch sehr anstrengend. Hilft aber nichts. Die Leitfäden, die wir Kindern auf dem Weg zum Erwachsenwerden mitgeben wollen, bedürfen ständiger Anpassung. Das
Ganze wird auch gerne lebenslanges Lernen genannt und
macht dabei auch vor Neuen Medien nicht Halt.

### 2. Einordnung ist das A & O

Kinder können mit den technischen Geräten sehr gut umgehen. Das wird Bedienkompetenz genannt. Aber sie können oft ihr Handeln und die Folgen dafür nicht absehen.
Aus einem einem witzigen WhatsApp-Wortwechsel wird

schnell eine mitternächtliche Nerverei oder aus einem App-Spiel eine Abzockmaschine. Es ist die Aufgabe von uns Erwachsenen, immer wieder Zusammenhänge zu erklären und für die Einordnung zu sorgen – so wie wir es auch bei anderen Themen machen. Besonders im Zusammenhang mit mobilen Geräten und dem Internet kann eine regelmäßige Auffrischung dieser Einordnungen sicherlich nicht schaden.

### 3. Neue Herausforderungen diskutieren

Mit dem Tempo innovativer Technologien steigen auch die Risiken und es kommen neue Probleme wie zum Beispiel »Hate-Speech«. Solche Themen können gut und unaufgeregt in der Familie diskutiert werden. Sind die Fragen zu komplex, hilft auch ein Blick auf die Nachrichtensendung *logo!,* die immer wieder anspruchsvolle Problematiken verständlich macht.

### 4. Konditionierung zu Kunden

Mit dem eigenen Smartphone werden Kinder früh zu Kunden erzogen. Dabei ist es wichtig, zu reflektieren, wie stark Firmen auswerten, was wir mit dem Smartphone bestellen und bezahlen, und welche Schlüsse sich daraus bezogen auf unsere Person ziehen lassen.

### 5. Achtung, Abzocke!

Durch »Free-to-play« geben Kinder mehr Geld aus, als ihnen vielleicht lieb ist. Wenn es schon In-App-Käufe sein müssen, dann bitte vorher mit seiner Tochter oder seinem

Sohn ein Limit vereinbaren, damit es keine bösen Überraschungen gibt. Bei jüngeren Kindern sollten In-App-Käufe deaktiviert werden.

### 6. Sparsam mit Gutscheinkarten

Gutscheinkarten sind eine willkommene Idee, wenn einem kein gutes Geschenk einfällt. Aber Gutscheinkarten von Apple und Android verleiten zum Kauf, wobei für Kinder unübersichtlich bleibt, wofür das ganze Guthaben eigentlich genau dahingeschmolzen ist. Im Gegensatz zum klassischen Geldschein im Laden kann überwiegend nur Digitales erworben werden.

### 7. Verbraucherzentrale hilft

Sobald Kinder in eine Kosten- oder Abofalle getappt sind, hilft einem die örtliche Verbraucherzentrale weiter und erspart eine große Aufregung oder den Anwalt. Eine Übersicht der jeweiligen Standorte gibt es unter: https://www.verbraucherzentrale.de/beratung.

### 8. Drittanbietersperre

Die Drittanbietersperre ist Pflicht und kann bei jedem Handy- und Smartphone-Vertragspartner eingerichtet werden, damit niemand »Drittes« unberechtigt Geld vom Guthaben abzieht. Ist auch für Erwachsene wichtig.

### 9. Achtung, Ausland!

Auch wenn Roaming-Gebühren in der EU Geschichte sind, können immer noch Kosten im Ausland entstehen. Vor der

Reise den Vertrag prüfen und sichergehen, ob das Reise-
land zu den Zielen gehört, die von der Roaming-Gebühr
befreit sind. Wer ganz sichergehen will, schaltet auf seinem
Smartphone und dem der Kinder die mobilen Daten aus.

## 10. Kinder für Datenschutz und Privatsphäre sensibilisieren

Sicher, das sind hochkomplexe Themen. Dennoch müssen
wir Kindern zeigen, erklären und vorleben, wie wichtig uns
die Privatsphäre ist. Das Beispiel mit der Badezimmertür
überzeugt die meisten Kinder, mit denen ich bei meinen
Workshops in Schulen spreche, sofort.

# KAPITEL 4

## Regeln – Let's make a deal

*Warum es ohne Regeln nicht geht,
was schriftliche Absprachen taugen und welche Regeln
für Kinder und Eltern gelten*

**»Och, so zehn Minuten«**

Das Aufstellen von Regeln ist sehr einfach, sich um ihre
Einhaltung zu kümmern, fällt deutlich schwerer. Wenn ich
zum Beispiel nach Hause komme, sitzt das Kind manchmal im Wohnzimmer vor dem Fernseher. Natürlich läuft
da gerade keine erhellende Dokumentation über Astro-
physik, sondern nur eine US-Sitcom mit schlechten Wit-
zen. Vermutlich gibt es den folgenden Dialog in fast jedem
Haushalt mit Kindern. Fast wörtlich.

Ich: »Wie lange schaust du schon?«

Kind: »Och, so zehn Minuten …«

Ich: »Und wie lange geht das noch?«

Kind: »Zehn Minuten.«

Ich: »Okay, aber in zehn Minuten machst du es aus.«

Kind: »Ja, klar.«

Ich betrete mein Arbeitszimmer, schalte den Computer ein
und will nur rasch meine Mails checken. Als ich das nächs-

te Mal wieder auf die Uhr blicke, ist eine Dreiviertelstunde vergangen. Blitzartig wird mir klar, dass ich nicht mehr nach dem Kind gesehen habe. Schnell springe ich auf, reiße die Tür zum Wohnzimmer auf: Das Kind sitzt so vertieft vor der Glotze, dass es nicht einmal zusammenzuckt. Ich jedoch werde gerade zum zornigen Rumpelstilzchen und höre mich blödsinnige Worte sagen, die von meinen Eltern stammen könnten. Dabei ärgere ich mich eigentlich nur über mich selbst.

**Regeln schützen**
Kinder haben kein Zeitgefühl und können sehr tief ins Fernsehen, in Spiele oder Kommunikation eintauchen. In einer gestressten Gesellschaft ist das fast schon ein beneidenswerter Zustand, für den erwachsene Volkshochschulkurse belegen würden. Dummerweise verlieren Kinder aber auch das Maß und schlagen gelegentlich über die Stränge. Wer selbst als Kind mal wahllos und stundenlang ferngesehen hat, weil die Eltern nicht da waren, hatte danach entweder Kopfschmerzen, Angst oder beides.

Regeln sind nicht dazu da, aus Kindern gehorsame Befehlsempfänger zu machen, sondern sollen sie schützen. Vor falschen Inhalten, vor überlangem Konsum und auch ein bisschen vor sich selbst.

**Wollen auch Kinder Regeln?**
Eigentlich möchten Kinder keine Regeln. Sie wollen lieber selbst bestimmen, denn im Leben von Kindern gibt es sehr wenig Freiräume, um alleine Entscheidungen zu treffen.

Der Großteil ihres Alltags ist ja fremdbestimmt, durch die Schule zum Beispiel.

Kinder mögen keine Regeln, aber sie brauchen sie, um Grenzen kennenzulernen. Wer keine Grenzen kennt, kann sie auch nicht überschreiten. »Eine Grenze ist oft so negativ besetzt«, sagt Tomke van den Hooven, »aber sie ist doch auch hilfreich: An einer Grenze kann ich mich orientieren, auch wenn ich die Grenze selbst nicht toll finde. Was ist richtig und was ist falsch? Sich selbst eine Grenze setzen, das können Jugendliche auch lernen, wenn sie selbst ihr Verhalten, ihre Handynutzung ändern wollen.«

Insofern tragen Regeln erheblich zur Orientierung von Kindern bei. Allerdings ist es bei Regeln zum Medienkonsum ab einem gewissen Alter ratsam, nicht wie Moses mit Steintafeln gravitätisch vom Berg herabzuschreiten und mit bebender Stimme die Gebote zu verkünden, sondern sie besser gemeinsam mit Kindern zu entwickeln. Denn Regeln sind ein wichtiger Baustein zur Selbstregulation.

**Vor der Gerätenutzung oder dem Gerätebesitz –
eine Auswahl**

Mit diesen Fragen können Eltern mit ihren Kindern gemeinsame Regeln zur Smartphone- oder Tabletnutzung herausschälen. Lassen Sie das Kind reden, Sie moderieren.

*Warum reden wir überhaupt über Smartphone-
Regeln?
Wozu sollen die Regeln gut sein?*

*Warum willst du ein Smartphone/Tablet?*

*Was genau willst du damit machen?*

*Wozu sind zeitliche Begrenzungen gut?*

*Was wäre ein angemessener Zeitraum zur Nutzung?*

*Was ist daran schlimm, wenn dieser Zeitraum überschritten wird?*

*Was sind die fünf Punkte, die du immer beachten solltest? (Zum Beispiel Smartphone beim Lernen raus aus dem Kinderzimmer.)*

*Was schlägst du vor, was geschieht, wenn du dich nicht an die Regeln hältst?*

## Wie kann Selbstregulation gelingen?

Der Psychologe Klaus Wölfling empfiehlt Erwachsenen: »Ich rate zum Tortendiagramm. Oft sind sich die Menschen gar nicht bewusst, wie lang ihre Online-Zeit ist. Sie merken nicht mehr, wie viel Druck sie haben, sie vergessen ihre E-Mails zu checken oder aufs Handy zu schauen. Mit einem Tortendiagramm kann sich aber jeder Einzelne bewusst machen, wie ausgewogen sein Tag oder seine Woche strukturiert ist: Wie viel bin ich online, wie viel möchte ich auch online sein? Ist das zu viel? Bin ich damit zufrieden? Wie lange halte ich es mit mir alleine aus? Wie viel Zeit habe ich für meine Ziele, meine Kommunikation, für Spielen, Entertainment und Freizeitgestaltung? Wie viel soll meine Familie haben? Wie viel Zeit will ich für mich alleine haben, wie viel mit meiner Partnerin, meinen Kindern und dem Beruf?«

*Die Sache mit dem Tortendiagram ist ja eher so ein Einsichtslernen, damit die betroffene Person selbst ihre übertriebene Nutzung erkennen kann. Gibt es da noch andere Möglichkeiten?*

Dr. Wölfling: »Dieses Einsichtslernen findet auf der Erkenntnisebene statt, für die Handlungsebene empfehle ich Verträge, also Verträge zwischen Eltern und Kindern. Dabei können wir versuchen, mit Verträgen ein Erziehungsproblem zu regeln. Und die enthalten natürlich immer einen Restriktionsanteil und ein integriertes Belohnungssystem: Wenn ich mich nicht daran halte, hat das diese und jene Konsequenzen. Wenn ich es aber gut mache, dann bekomme ich dies und das dafür.«

**Verträge mit Kindern. Echt jetzt?**

In Amerika hat die Bloggerin Janell Burley Hofmann mit ›iRules‹ ein ganzes Buch über Regeln geschrieben, die sie selbst als »spirituelles Geschenk« beschreibt. Vielleicht ist ein ganzes Buch über Regeln ein wenig überambitioniert. Der Tonfall darin jedenfalls schwankt zwischen überwältigender Liebe und dem eines amerikanischen Drillseargents (»Es ist mein Handy. Ich habe es gekauft. Ich bezahle dafür. Ich leihe es dir. Bin ich nicht die Größte?«). Vielleicht ist ›iRules‹ (Bananenblau Verlag) ein wenig zu sehr auf den amerikanischen Markt zugeschnitten.

In Deutschland hat sich die Initiative klicksafe, die im Auftrag der EU »die kompetente und kritische Nutzung von Internet und neuen Medien« vermittelt, gute, wichtige und faire Gedanken über einen Medienvertrag gemacht. »Regeln schaffen einen Rahmen, an dem sich Kinder orientieren können«, heißt es bei klicksafe, »nehmen aber auch Freiheiten. Entsprechend ist Medienerziehung und das Vereinbaren von Regeln mit Konflikten verbunden. Aber nur wenn Sie als Eltern konsequent sind, eine klare Position beziehen und Konflikte aushalten, können sich Regeln und Vereinbarungen in der Familie langfristig durchsetzen.«

**Empfehlungen von der EU-Initiative klicksafe und dem Internet-ABC (Gekürzter Auszug)**
*Mediennutzungsverträge sollten frühzeitig eingeführt werden*
Je früher Verträge erstellt werden, desto selbstverständlicher sind die Regeln für Ihr Kind. Unmittelbar nach einem Streit ist es meist wenig hilfreich, gemeinsam passende Regeln aufzustellen. Für ältere Jugendliche sind Mediennutzungsverträge dagegen nicht mehr der passende Weg.

*Regeln sollen keine Ängste erzeugen*
Angst vor Verboten kann dazu führen, dass Ihr Kind versucht, Probleme mit Internet, Handy, Filmen oder Computerspielen alleine zu lösen.
Tipp: Betonen Sie, dass ungewollte Regelverstöße nicht zu Verboten führen. Erklären Sie Ihrem Kind, dass es sich bei allen Fragen und Problemen an Sie wenden kann, und bleiben Sie im Gespräch.

*Kompromisse finden und Einschränkungen begründen*
An vielen Stellen können Kompromisse ausgehandelt
werden. Gleichzeitig sollte Ihr Kind verstehen,
dass Sie als Eltern an einigen Stellen auch allein
entscheiden! (…)

*Klare und verhältnismäßige Konsequenzen verabreden*
Überlegen Sie gemeinsam, was passiert, wenn Ihr
Kind Regeln nicht einhält. Gerade am Anfang müssen
Regeln erst eingeübt werden und selten klappt alles
sofort. (…)

*Vertrag ausdrucken und sichtbar platzieren*
Wenn der Vertrag gut sichtbar an passender Stelle
aufgehängt oder platziert wird, hat Ihr Kind die
Regeln immer griffbereit.

Quelle: klicksafe (www.klicksafe.de) und Internet-
ABC (www.internet-abc.de)
Mehr Infos unter www.mediennutzungsvertrag.de

## Der Mediennutzungsvertrag

Klicksafe hat gemeinsam mit dem Medienkompetenzpor-
tal Internet-ABC unter www.mediennutzungsvertag.de
einen Baukasten entwickelt und ins Netz gestellt. Inhaltlich unterscheidet der Vertrag zwischen einer Vereinbarung
für 6- bis 12-Jährige und Kinder, die älter als 12 Jahre sind.
In die Pflicht genommen werden Kinder *und* Eltern, wie

unschwer an den hinter den Regeln angebrachten Kinder- und Eltern-Symbolen zu erkennen ist.

Das Werk umfasst neben dem Thema Smartphone unter anderem auch Computerspiele, Fernsehen und Internet. Die Bedienung des Baukastens ist einfach, lässt sich individuell bearbeiten und ergänzen. Auch ganz eigene Regeln können darin aufgenommen werden. Am Ende wird der Kontrakt ausgedruckt und von Kindern und Eltern unterschrieben. Zu einem späteren Zeitpunkt getroffene Absprachen können auch später in den bestehenden Mediennutzungsvertrag eingefügt werden. Aber ...

**... keine Regeln ohne Gründe**

Regeln sind Leitfäden, aber sie regeln nicht alles und schon gar nicht automatisch. Und die besten Regeln der Welt taugen nichts, wenn wir Kindern nicht sagen, warum es diese einzelnen Punkte gibt. Darum sind die Medienverträge nur dann zielführend, wenn es plausible Erklärungen und nachvollziehbare Gründe für sie gibt.

Ein Beispiel: Kinder bekommen immer wieder gesagt, dass sie im Netz keine Daten preisgeben dürfen. Woher sollen sie aber wissen, was »Daten« sind? Das Wort ist einfach zu abstrakt und geht auf eine Zeit zurück, als wir noch elektronische Datenverarbeitung (EDV) dazu sagten oder in James-Bond-Filmen futuristisch blinkende Computer geheimnisvoll vor sich hin ratterten und knatterten. Sie müssen erst einmal wissen, dass damit private Informationen wie Name, Adresse und Telefonnummer gemeint sind. Nur bringt auch das nichts, wenn wir ihnen keinen plausiblen Grund nennen. Frage ich Kinder bei Veranstaltungen in Schulen, warum sie das nicht machen sollen, kommt als Antwort: »Sonst ruft der an.«

Tatsächlich aber sollten Kinder sich mit diesen privaten Auskünften zurückhalten, weil es im Internet viele Erwachsene gibt, die sich mit ihnen über Sex unterhalten oder sich mit ihnen zum Sex verabreden wollen. Wenn Kinder alt genug sind, mit Smartphone, Tablet und Computer ins Netz zu gehen, sind sie auch alt genug, um das zu verstehen.

**Was taugen Mediennutzungsverträge?**
Der Mediennutzungsvertrag des Internet-Abcs ist smart und hilfreich. Allerdings darf der Vertrag in seinem Wirkungsgrad nicht überschätzt werden. Er ist eine sehr gute Handreichung, hat allerdings reinen Symbolcharakter. Denn wir schließen mit Kindern keine Verträge im klassischen Sinne, wie es Erwachsene untereinander tun, und verklagen sie auch nicht bei Vertragsbruch.

Kinder sind Kinder und keine »Vertragspartner«. Die Vereinbarungen sind vor allem für uns Eltern. Um erzieherische Dinge deutlich zu machen, um etwas Konkretes in den Händen zu halten, um bei Problemen oder Verstößen daran zu erinnern. Wenn Mädchen und Jungen Fehler machen – und sie werden Fehler machen – oder es mit der Nutzung übertreiben – und sie werden es mit der Nutzung übertreiben – dann geschieht das nur aus einem einzigen Grund: Weil sie Kinder sind.

**Was können technische Lösungen?**

Eine Menge. Natürlich lassen sich auch technische Lösungen zur erzieherischen Unterstützung heranziehen. Dabei kann vieles geregelt werden: Nutzungsdauer, Webfilter oder zeitliche WLAN-Beschränkungen über den Router. Das Deaktivieren der In-App-Käufe ist sicher sinnvoll, bis zu einem bestimmten Alter. Manche Eltern richten ihren Kindern ein eigenes WLAN ein, das nur zu bestimmten Zeiten funktioniert, klappt aber auch nur bis zu einem gewissen Alter. Sich mit dieser Form der Sicherheitsmaßnahme auseinanderzusetzen ist mitunter recht zeitintensiv und setzt dazu auch eine gewisse technische Affinität voraus.

Meine persönliche Meinung dazu ist, dass die Erziehung unserer Kinder, insbesondere die Medienerziehung, eine viel zu wichtige Aufgabe ist, um sie elektronischen Geräten zu überlassen. Schutz der Kinder ist immer Elternsache.

**Was taugen zeitliche Regulierungen?**

Nicht viel. Während sich die Nutzungszeit mit dem Tablet noch regulieren lässt, weil es in der Regel den Eltern gehört, ist das beim Smartphone nahezu unmöglich: Wenn Kinder das Smartphone nutzen, gibt es fast keine Kontrolle. TV und PC haben ihre festen Standorte und sind im Blickfeld, aber durch die Mobilität des Smartphones haben Kinder nicht nur die Möglichkeit, sich der Beaufsichtigung von Seiten der Eltern zu entziehen – sie nutzen sie auch aus. Von der Schule bis zum Abendessen können viele Eltern einfach kein Auge darauf haben. Solange die Kinder im

Grundschulalter sind, helfen Modelle (siehe nächster Kasten). Aber im Grunde bleibt uns nichts anderes übrig, als sie früh und immer wieder unermüdlich zur Selbstregulierung zu erziehen. Das ist nicht leicht.

Mariannes Mann ist IT-Experte. Gemeinsam haben sie folgende Abmachung mit ihrer neunjährigen Tochter getroffen.

- Montag bis Freitag: 30 Minuten zur Nutzung von iPhone oder iPad (Spiele und Internet) der Eltern, kein Fernsehen, 19 Uhr Geräte aus dem Kinderzimmer.

- Samstag und Sonntag: Eine Stunde zur Nutzung von iPhone oder iPad (Spiele oder Internet) der Eltern, eine DVD oder ein Film pro Tag, 19 Uhr Geräte aus dem Kinderzimmer.

- Schule: Handy ohne Internetzugang für den Schulweg (10 km), ohne Vertrag und Name.

- WLAN-Verbindung wird nach einer Stunde pro Tag beendet, Nachtsperre 20 Uhr bis 7 Uhr.

- Hält sich das Kind nicht an sie Vereinbarung, dann zwei Tage Komplettverbot.

- Wir als Eltern haben kein Facebook oder WhatsApp, sind im Netz nur mit der Firma zu finden oder in sportlichen Ergebnislisten. PCs, Tablets und Handys haben eigene Passwörter.

# Wichtige Regeln für Kinder, ihre Begründung und wie realistisch ihre Umsetzung ist – eine Auswahl

*Reden wir über Sicherheit*

**Gib niemals dein Passwort oder deinen Code weiter**
Passwörter oder Codes sind wie Schlüssel zu einer Wohnung. Wenn jemand anderes dein Passwort oder deinen Code kennt, kann er sich darin umsehen und etwas mitnehmen. Oder er gibt sich für dich aus, behauptet falsche Dinge in deinem Namen oder kauft Dinge im Internet auf deine Rechnung. Bist du an einem fremden Gerät (zum Beispiel in der Bibliothek) auf einem sozialen Netzwerk, vergiss nicht, dich hinterher wieder auszuloggen, damit niemand etwas in deinem Namen postet.
*Wie realistisch von Kindern umsetzbar? Gut, weil einleuchtend.*

**Sei sparsam mit persönlichen Informationen**
Es geht niemanden etwas an, in welche Schule du gehst, welche Hobbys du hast oder wer deine Freunde und Verwandten sind. Alles im Netz wird von Firmen ausgelesen. Du bekommst dann Werbung, die auf dich zugeschnitten ist und dich im Internet auf Schritt und Tritt verfolgt. Doch mit den gesammelten Informationen geschieht noch mehr: Du wirst ausspioniert, um herauszufinden, welche Entscheidungen du in Zukunft treffen könntest. Dabei kannst du beeinflusst werden, ohne es zu merken. Wenn dies die

Wahl eines neuen Paares Turnschuhe betrifft, ist das nicht so weltbewegend, aber wenn es um eine politische Abstimmung geht eben doch. Am Ende könntest du für etwas stimmen, das du gar nicht wolltest.

*Wie realistisch von Kindern umsetzbar? Nicht so einfach, weil es eine Verlockung ist, sich mit seinen Interessen zu präsentieren. Dazu kommt der Gruppenzwang durch Freunde und Mitschüler. Dennoch sollten wir das immer wieder anmahnen. Sicher ist sicher.*

### Gib niemals irgendwo deine Handynummer ein

Wenn eine Webseite oder eine App deine Nummer möchte, dann kommt nichts Gutes dabei raus. Oft kann so über dein Handy-Guthaben etwas abgerechnet werden, was du weder bestellt noch haben wolltest. Ich habe eine Drittanbietersperre bei deiner Nummer eingerichtet, die solche Abbuchungen verhindern soll. Aber dennoch kannst du über deine Nummer Werbung oder Kettenbriefe erhalten, die dir Angst machen sollen.

*Wie realistisch von Kindern umsetzbar? Okay. Allerdings geht bei WhatsApp nichts ohne die Handynummer. Viele Anbieter behaupten auch, dass das Angeben der Handynummer zum Schutz des Accounts beiträgt. Nun ja ....*

### Gebe deinen Namen, deine Telefonnummer und deine Adresse im Netz nicht preis

Im Internet gibt es viele Menschen, die mit Kindern über Sex sprechen oder sich zum Sex verabreden wollen. Sie verwenden ein falsches Alter und Profilbild und versuchen, sich dein Vertrauen zu erschleichen, indem sie dir schmeicheln.

*Wie realistisch von Kindern umsetzbar? Gut. Muss aber immer wieder mal daran erinnert werden, was einem mit zunehmendem Alter der Kinder viele »Mann, Papa!« oder »Mann, Mama!« eintragen kann. Ist auszuhalten.*

## Verabrede dich nicht Menschen, die du nicht persönlich kennst

Und das aus denselben Gründen wie im Punkt vorher. Solltest du dir sicher sein, dass es sich ebenfalls um ein Kind in deinem Alter handelt, informiere deine Eltern, damit sie sichergehen können.

*Wie realistisch von Kindern umsetzbar? Gut.*

## Lade Apps nur in den App Stores und nicht von fremden Seiten herunter

Als »Super Mario Run« zuerst nur auf dem iPhone herauskam, wartete die Androidgemeinde ungeduldig auf ihre Version. Eine Fake-Seite bot angeblich das Spiel an, war aber dann nur ein Trojaner, der auf Nutzer- und Bankdaten aus war.

*Wie realistisch von Kindern umsetzbar? Geht so. Die Verführung kann doch recht groß sein.*

## Achtung, Selfie

Sei vorsichtig mit Selfies. Durch Unachtsamkeit sind schon bei der Entstehung von Selfies viele Unfälle passiert. Einige davon endeten tödlich.

*Wie realistisch von Kindern umsetzbar? Gut, weil ein-leuchtend.*

## Vorsicht, Kamera

Klebe die Kamera ab oder stecke die Kamera in eine Hülle. Du weißt nie, ob du nicht gerade beobachtet wirst. Stell dir einfach vor, wie du dich in deinem Zimmer aufhältst. Möchtest du dabei beobachtet werden?

*Wie realistisch von Kindern umsetzbar? Gut, denn beobachtet zu werden, fühlt sich sehr unangenehm an.*

## Passe auf dein Gerät auf

Lasse es nicht offen herumliegen und vergiss nicht, es aus der Jackentasche zu nehmen. In der Schule sollte es lautlos gestellt im Spind eingeschlossen liegen.

*Wie realistisch von Kindern umsetzbar? Klappt gut.*

## Sichere dein Gerät

Mache immer wieder Backups am Computer, damit deine Daten gesichert werden. Achte darauf, dass das Smartphone am nächsten Morgen aufgeladen ist.

*Wie realistisch von Kindern umsetzbar? Backups? Vergiss es.*

### *Reden wir über Respekt*

## Achte auf deinen Tonfall

Nur weil du etwas scherzhaft gemeint hast, muss es nicht am anderen Ende der Leitung auch als Witz ankommen.

Wenn jemand dein Gesicht nicht sehen kann, weiß er nicht, ob du zum Beispiel mit »Alter Schweineigel« nur lustig oder beleidigend sein wolltest.

*Wie realistisch von Kindern umsetzbar? Schwierig. Smileys helfen als Emotionsübersetzer.*

### Höflichkeit nicht vergessen

In E-Mails auf höfliche Ansprache und Abschiedsgruß achten. Wenn du etwas von jemandem möchtest, hilft es immer, wenn du im Voraus »Danke« sagst.

*Wie realistisch von Kindern umsetzbar? Na ja.*

### Streit nicht online lösen

Mit anderen uneinig sein ist völlig normal. Aber wenn es zu Zwist und Zank kommt, sind WhatsApp & Co. keine gute Plattform. In der Regel schaukelt sich die Auseinandersetzung immer weiter hoch. Sobald Probleme auftauchen, immer im persönlichen Gespräch lösen.

*Wie realistisch von Kindern umsetzbar? Nicht gerade einfach, wenn gerade ein Wort das andere gibt. Eingreifende Eltern herzlich willkommen.*

### Keine Smartphones auf dem Esstisch

Beim Essen bleibt das Smartphone in deinem Zimmer.

*Wie realistisch von Kindern umsetzbar? Versuchen kann man's ja.*

**Kein Smartphone bei Gesprächen**

Schaue nicht auf dein Smartphone, wenn du gerade mit anderen persönlich sprichst.

*Wie realistisch von Kindern umsetzbar? Geht so.*

**Keine peinlichen Fotos**

Im Internet kannst du nichts löschen. Darum solltest du weder peinliche Bilder von dir noch von anderen machen. Sie könnten Jahre später auftauchen und dich in eine blöde Situation bringen, etwa wenn du dich um einen Job bewirbst.

*Wie realistisch von Kindern umsetzbar? Schwierig, auch wegen Snapchat (siehe Seite 210).*

**Wahre die Rechte**

Das Recht am eigenen Bild: Jeder Mensch hat das Recht am eigenen Bild. Niemand darf ohne deine Erlaubnis ein Foto von dir machen. Das gilt natürlich auch andersherum.

Das Persönlichkeitsrecht: Dieses Recht bezieht sich auf deine Privatsphäre und deine Ehre, also falls jemand Lügen über dich verbreitet.

Das Urheberrecht: Dieses Recht besagt, dass jeder Schöpfer eines Werkes (z. B. Buch, Film, Musik) der Urheber ist. Niemand darf ohne seine Erlaubnis seine Werke nachmachen oder stehlen. Darum ist auch das Streamen von Filmen auf illegalen Seiten eine sogenannte Urheberrechtsverletzung.

*Wie realistisch von Kindern umsetzbar? Schwierig, weil sehr abstrakt.*

*Reden wir über Ruhe und Konzentration*

## Beim nach Hause kommen Gerät husch, husch ins Körbchen

Wenn du nach Hause kommst, legst du das Smartphone zu den anderen Geräten deiner Familie ins Körbchen. Erst erledigst du die Sachen, die du machen musst (Essen, Hausaufgaben, im Haushalt helfen), dann kannst du es wiederhaben.

*Wie realistisch von Kindern umsetzbar? Gut. Aber nur wenn sich alle (!) dran halten.*

## Abends Geräte aus dem Zimmer

Zum Schlafen brauchst du Ruhe. Darum wird das Gerät in einem anderen Zimmer aufgeladen.

*Wie realistisch von Kindern umsetzbar? Gut. Kommt das Argument, das Smartphone sei der Wecker, dann kaufen wir lieber einen richtigen Wecker.*

## Geräte beim Lernen raus

Beim Lernen kannst du gerne einen Computer benutzen, aber das Smartphone lenkt nur ab. Nach dem Lernen kannst du es wiederhaben.

*Wie realistisch von Kindern umsetzbar? Gut. Konsequente Eltern gefragt.*

## Signaltöne und Benachrichtigungen abstellen

Viele Apps und App-Spiele melden sich andauernd und das auch zu ungünstigen Zeiten, in denen du etwas anderes tun wolltest. Lass dir nicht von Apps oder Spielen deinen Tagesablauf bestimmen. Schalte diese Funktionen ab. Entscheide alleine.

*Wie realistisch von Kindern umsetzbar? Schwierig, weil ja etwas Spannendes passieren könnte.*

## Kein Stress mit Freunden

Lass dich auch nicht von WhatsApp-Nachrichten oder Ähnlichem stressen. Schalte die Lesebestätigung ab. Du antwortest, wenn du Zeit hast. Und wenn du mal länger zum Überlegen brauchst, muss der andere nicht wissen, wann du seine Nachricht erhalten hast.

*Wie realistisch von Kindern umsetzbar? Schwierig, weil ja auch da etwas Spannendes geschehen könnte.*

### *Reden wir über Kosten*

### Achte auf dein Geld

Ab und zu In-Apps zu kaufen ist okay, aber setze dir vorher ein Limit, damit du nicht aus Versehen zu viel Geld ausgibst.

*Wie realistisch von Kindern umsetzbar? Nicht ganz einfach, aber eine Frage der Übung und Erfahrung.*

### Vorsicht vor dem Flow

Damit ist der Spielfluss gemeint. Wenn du dich im Flow befindest, bist du eher dazu bereit, Geld auszugeben, als wenn du dir das in Ruhe überlegt hättest. Bleib also cool, lass dich nicht zum unüberlegten Kauf verführen.

*Wie realistisch von Kindern umsetzbar? Schwer!*

*Reden wir über Hilfe*

### Rufe mich

Wenn dir etwas komisch vorkommt oder du seltsame Nachrichten erhältst, rufe mich. Ich helfe dir dann. Wenn keiner da ist, mache Screenshots (Bildschirmfotos).

*Wie realistisch von Kindern umsetzbar? Gut.*

### Ignoriere Kettenbriefe

Lass dir von Kettenbriefen keine Angst machen und versende sie nicht weiter. Sie sind entweder ein blöder Scherz, der mit tollen Gewinnen lockt, oder ein geschmackloser Scherz, der dir nur Angst machen soll.

*Wie realistisch von Kindern umsetzbar? Schwer, eben weil sie locken oder Angst machen.*

## Wichtige Regeln für Eltern – eine Auswahl

### Bitte nicht das Smartphone heimlich kontrollieren

Natürlich sollte es keine Nutzung ohne gute Vorbereitung geben. Ein gut aufgeklärtes Kind kommt jederzeit zu seinen Eltern, wenn etwas Verstörendes auf dem Gerät zu sehen ist. Viele Kinder probieren sich aber mit dem Gerät aus, machen Fotos oder stylen sich. Das wollen sie unentdeckt machen, weil sie sich genieren. Natürlich lesen amerikanischen Firmen alles aus, aber das ist für Kinder zu abstrakt, im Gegensatz dazu ist der Kontrollgriff der Eltern sehr nah und peinlich.

Bilder, Nachrichten und Notizen, die auf dem Speicher des Gerätes liegen, sind und bleiben *privat*. Sicherlich ist es etwas anders, wenn die Kinder noch klein sind und über ein eigenes Gerät verfügen. Dann allerdings sollten wir diese »Kontrolle« erklären und sie nur mit der Zustimmung des Kindes durchführen.

Allerdings werden Kinder diese Observation ab einem gewissen Alter nicht mehr dulden. Auch Kinder brauchen ihre Privatsphäre. Ein Smartphone kann durchaus mit einem Tagebuch verglichen werden, wenn auch nicht im wörtlichen Sinne. Außerdem wird diese Kontrolle von Kindern als Vertrauensbruch an deren Freunden gewertet, da die sich einander etwas anvertrauen – was sie vermutlich nicht getan hätten, wenn sie wüssten, dass die Eltern des Freundes alles mitlesen.

*Wie realistisch von Eltern umsetzbar? Schwierig, weil die Balance zwischen Vertrauen und dem Wunsch, das Kind zu beschützen, nicht einfach auszutarieren ist. Von Neugier habe ich jetzt noch gar nicht gesprochen.*

### Bitte nicht das Smartphone als Strafe einkassieren

Solche Strafaktionen haben nur eine Wirkung: Sie sind eine erzieherische Kapitulation und Zeugnis der eigenen Hilflosigkeit. Pädagogen hegen schwere Zweifel an einem solchen Entzug als Strafmaßnahme. Damit demonstrieren wir nur unsere eigene Macht und dem Kind seine Machtlosigkeit. Das ist unschön und hat bereits in unserer eigenen Kindheit nicht funktioniert, weil der Fernsehentzug bei Fehlverhalten nicht schlagartig zu Einsichtigkeit führt. Das

Gegenteil ist der Fall: Wut, Trotz, manchmal auch Verzweiflung.

*Wie realistisch von Eltern umsetzbar? Einfach ist das nicht.*

**Keine Geräte auf dem Tisch**

Gleiches Recht für alle. Keine Geräte beim Essen auf dem Tisch, beim Nachhausekommen das Gerät ins Körbchen, das Smartphone darf nicht alles unterbrechen, Klingeltöne von Nachrichten deaktivieren. Vorbild sein. Schon wieder.

*Wie realistisch von Eltern umsetzbar? Erfordert Selbstdisziplin.*

**Achten Sie auf Ihren Erziehungsstil**

Dr. Karin Knop von der Uni Mannheim unterscheidet zwischen verschiedenen Erziehungstilen und erklärt ihre Präferenzen.

*Der Laissez-faire-Stil*

Dr. Knop: »Es gibt den Laissez-faire-Stil im Sinne von einfach laufen lassen. Dieser Stil zeichnet Eltern aus, die selbst sehr wenig über ihr Smartphone und sehr wenig über die Smartphonenutzung ihrer Kinder wissen. Bei ihm zeigt sich dann das problematischste Verhalten. Da findet oft Mobbing über das Smartphone statt.«

*Der Bewahrpädagogik-Stil*

Dr. Knop: »Wir nennen Eltern dieses Typus ängstlich-bewahrende Reglementierer. Das sind sehr gut informierte

Eltern, die aber der Fiktion anhängen, die Kindheit medienfrei oder smartphonefrei gestalten zu können. Das ist nicht nur unrealistisch, sondern zielt auch an den Bedürfnissen vorbei. Außerdem sind das Eltern, die starre Regeln aufstellen würden. Zum Beispiel Smartphone erst ab 12 Jahren und dann völlig ignorieren, welche Konsequenz dies für das Kind hat. Sie können sich hierunter die sogenannten Helikoptereltern vorstellen, die das Smartphone sehr stark nutzen, um zum Beispiel über Geotracking herauszufinden, wo sich ihre Kinder aufhalten. Das ist wenig vertrauensbasiert und stark kontrollierend.«

*Der freundschaftlich-liberale Stil*
Dr. Knop: »Daneben finden wir aber auch einen Erziehungsstil, den wir den freundschaftlich-liberalen nennen. Eltern, die vom Smartphone genauso fasziniert sind wie die Kinder, das Smartphone selbst sehr intensiv nutzen. Diese Eltern sind eher sorglos und vertrauen auf das gute und sehr egalitäre Verhältnis zwischen sich und dem eigenen Kind.

*Der positive Stil*
Dr. Knop: »Und der positivste Stil, den wir favorisieren, ist der kindzentrierte, aktive Elterntypus. Diese Eltern nehmen sich die Zeit, herauszufinden, was das Kind macht und wovon es fasziniert ist. Sie sind auch breit informiert, wie man mit Kindern das Smartphone positiv erschließt, das Gerät positiv nutzt, ohne dabei auszublenden, wie wichtig auch Unterhaltungsfunktionen wie YouTube-

Videos, WhatsApp-Messenger und andere Kanäle sind. Diese Eltern haben ein hohes Problembewusstsein. Das wäre die Crème de la Crème. Am liebsten wären uns Eltern und Lehrer, die sich nicht gegen aktuelle Entwicklungen versperren.«

*Wie realistisch von Eltern umsetzbar? Wir lernen alle ständig dazu.*

## Orientieren Sie sich am Kind

Vor dem Festlegen von Regeln sollten wir uns ansehen, wie realistisch unsere Anforderungen an das Kind sind. Je älter es ist, desto besser sollte es in der Lage sein, sich selbst zu reglementieren. Aber können Kinder das tatsächlich, oder vertrauen wir vielleicht zu sehr auf die Macht der Regeln?

*Wie realistisch von Eltern umsetzbar? Hinsehen, einfühlen, verstehen.*

## Lassen Sie sich nicht von der Technik treiben

Es muss nicht immer das neuste Gerät sein, nur weil es gerade herauskommt. Oft merken wir gar nicht, dass uns die Industrie vor sich hertreibt. Auch hier gilt es, zu widerstehen. Auch hier gilt es, Haltung zu zeigen. Denn irgendjemand in der Klasse des Kindes bekommt immer den neuesten heißen Scheiß.

*Wie realistisch von Eltern umsetzbar? Fällt Müttern leichter als Vätern.*

## Diskutieren Sie mit Ihrem Kind

Sobald wir eine Nutzungsvereinbarung mit dem Kind

schließen, sollten wir ruhig diskutieren und es ermuntern, gute Argumente zu sammeln, die Sie vielleicht sogar überzeugen.

*Wie realistisch von Eltern umsetzbar? Dazu gehört Freude an der Auseinandersetzung, nicht streiten.*

## Drittanbietersperre

Richten Sie eine Drittanbietersperre ein. Sie verhindert, dass andere Geld vom Guthaben des Smartphones abziehen.

*Wie realistisch von Eltern umsetzbar? Einfach, weil kostenlos und schnell.*

## Sicherheitseinstellungen checken

Kontrollieren Sie mit ihrem Kind zusammen regelmäßig die Sicherheitseinstellungen des Gerätes, aber auch die der sozialen Netzwerke und anderer Anwendungen. Irgendetwas ändert sich immer.

*Wie realistisch von Eltern umsetzbar? Geht im Alltag schnell unter, ein wiederholender Kalendereintrag kann als Erinnerungsstütze helfen.*

# KAPITEL 5

## Jetzt pack doch mal das Handy weg oder die Sache mit der Sucht

*Warum es so schwer ist, das Smartphone aus der Hand zu legen, was dabei im Gehirn passiert und ob es Smartphone-Sucht wirklich gibt*

### Idioten, die auf Smartphones starren

Ich beobachte sie jeden Tag: Überall zücken Menschen ihr Smartphone, legen es in Restaurants auf die Tische oder starren immer wieder darauf. Ich begegne ihnen auf der Straße, beim Einkaufen und in Bussen und Zügen. Dabei sitze ich einer weit verbreiteten Annahme auf: Die Idioten, das sind immer die anderen.

Der Mann auf der Straße mit dem Smartphone benutzt vielleicht gerade sein Navigationssystem, weil er sich in Berlin nicht gut auskennt und er rechtzeitig zu seinem Termin eintreffen möchte. Die Kundin bei Saturn vergleicht möglicherweise gerade Preise im Internet. Und der Reisende im ICE könnte ja nur überprüfen, ob er wegen der enormen Verspätung noch seinen letzten Anschluss bekommt. Es verhält sich aber auch umgekehrt: Wenn ich direkt vor der Treppe zum U-Bahnhof mein Ticket auf dem iPhone buche, spüre auch ich manchmal diese missbilligenden Blicke der Passanten. Vielleicht aber auch bloß, weil ich im Weg stehe.

## Das Ende der Welt ist nah. Nicht

Alles, was wir Eltern sehen, sind Kinder, die auf Smartphones starren. Wer sagt eigentlich, dass unsere Nutzung wichtiger ist als die unserer Töchter und Söhne? Vielleicht helfen sie einem Klassenkameraden mit den Hausaufgaben. Vielleicht trösten sie gerade eine Freundin, die an Liebeskummer leidet. Vielleicht schreiben sie gerade einen Kommentar zu einer Kurzgeschichte von Jugendlichen für Jugendliche auf dem Erzählportal Wattpad. Vielleicht hacken sie aber auch gerade das Pentagon. Wir wissen es nicht. Aber ganz tief in unserem Inneren glaubt ein nicht immer nur positiv denkender Teil von uns, dass sie bestimmt bloß irgendeinen unnötigen Firlefanz mit dem Ding machen. Sicher, das ist auch nicht ganz auszuschließen. Dennoch scheint es manchmal nicht angebracht, ein vorschnelles Urteil abzugeben. Es gibt ein Foto von einer Gruppe von Schülern, die bei einem Ausflug ins Museum alle nur gebannt auf ihre Smartphones schauen, anstatt die alten, goldgerahmten Gemälde in Öl zu würdigen. Der erste naheliegende Gedanke geht ohne Umwege in Richtung Untergang des Abendlandes. Nur was, wenn diese Kinder gar keine Nachrichten schreiben, sondern gerade mit dem digitalen Museumsführer des Rijksmuseums in Amsterdam arbeiten?

**Warum fällt es nicht leicht, das Smartphone aus der Hand zu legen?**

Bei allem Verständnis: Kinder nutzen trotzdem das Smartphone öfter, als es ihnen gut tut. Manchmal merken sie sogar selbst, dass es ihnen zu viel wird. Trotzdem können sie das Ding einfach nicht aus der Hand legen. Warum eigentlich?

Tomke van den Hooven hat dafür eine ebenso einfache wie einleuchtende Antwort.

»Weil es tatsächlich schwierig ist.« Die Karlsruher Fachärztin für Kinder- und Jugendpsychiatrie und -psychotherapie fährt fort: »Ich hatte einen 13-jährigen Jungen als Patienten, der immer nur Computer gespielt hat. Damals sagte ich zu ihm: »Es ist auch echt schwierig, aufzuhören, nicht wahr?« Der Junge fühlte sich entlastet, weil er gemerkt hat, dass es nicht allein sein Problem ist, sondern es eine echt schwierige Sache ist.« Van den Hoovens Rat in diesem Zusammenhang lautet: »Wir müssen erst mal anerkennen, dass es schwierig ist. Und nicht nur dem Kind fällt das schwer, sondern auch Erwachsenen. Es fällt den allermeisten Menschen schwer.«

Eigentlich wissen wir alle tief in unserem Inneren, wie schwer es tatsächlich ist. So wie es nicht immer leicht ist, den Fernseher auszumachen oder die Chipstüte wegzulegen.

Die von Tomke van den Hooven empfohlene Akzeptanz führt zu einer Entlastung in der ganzen Familie: Das Kind fühlt sich entlastet, weil es weiß, dass es nicht seine Schuld ist. Aber auch für Eltern findet so eine Entlastung in der Erziehung statt, denn diese Erkenntnis nimmt uns den Druck.

Auch Karin Knop von der Uni Mannheim weiß, warum es so schwierig ist, das Ding aus der Hand zu legen. »Weil es einen hohen Faszinationsgrad hat. Das hatten aber auch schon andere Medien wie zum Beispiel der Fernseher. Das hochgradig Attraktive liegt in der Vernetzung und dem Austausch mit Gleichaltrigen. Außerdem können Kinder damit Karaoke machen, auf Instagram eigene Fotos veröffentlichen und Kurzfilme erstellen. Das sind tolle Sachen, die zur kreativen Medienproduktion anregen.«

Das sieht Jugendforscher Hurrelmann auch so: »Die positiven Potentiale würde ich viel höher einschätzen als die negativen. Was da an Kreativität möglich ist, an Erkenntnissen, an Informationsaustausch, an Erweiterung von Erfahrungen und Wahrnehmungen, das überwiegt bei weitem die Nachteile. Und wenn wir genau hinschauen, sind das eigentlich immer wieder die gleichen Ausgangssituationen: Junge Leute, die durch ihr Elternhaus eine gute Bildung haben, kommen auch mit modernen Medien besser zurecht und nutzen sie kreativer. Bei ihnen sind die negativen Begleiterscheinungen schwächer als bei den anderen.

**Zu viel ist zu viel – was ist mit dem Burnout?**
Nur gibt es neben der Medienproduktion noch die Selbstdarstellung und den Stress mit der Kommunikation. Manchmal wirken Kinder und Jugendliche regelrecht über-

fordert und erschöpft. Mancher Experte spricht vom Burn-out bei Kindern.

»In Deutschland wird der Burnout-Begriff benutzt, um einen Erschöpfungszustand zu beschreiben«, erklärt der Hirnforscher Prof. Dr. Thomas Kammer. »Also wenn man nicht mehr kann und lustlos wie bei einer Depression wird.« Er findet es gut, dass der Begriff heute in aller Munde ist, denn manche Menschen können sich so eingestehen, dass sie ein Problem haben. »Bei Kindern und Jugendlichen kommt auch Erschöpfung, Lustlosigkeit und Niedergeschlagenheit vor. Tatsächlich gibt es auch Depression bei Kindern. Im Rahmen einer kindlichen Entwicklung gibt es jedoch eine ganze Menge verschiedener Phänomene, die man nicht so einfach benennen kann. Wenn jemand das »Burnout« nennt und es hilft, etwas zu ändern und professionelle Hilfe zu suchen, dann finde ich das in Ordnung. Das Schöne bei Kindern ist, dass sie sich noch entwickeln und dass Hilfe in einer schwierigen Situation zu deutlichen Veränderungen führen kann.«

Auch Prof. Hurrelmann sieht die Dimension der Überforderung und Erschöpfung bei Kindern, die zu viel Gebrauch von ihrem Handy machen: »An all diesen Diskussionen (...) ist schon etwas dran«, räumt er ein. Gleichzeitig setzt Hurrelmann auf die Selbstregulation. Sobald wir genauer hinsehen, bekämen sie nach einiger Zeit die übermäßige Nutzung wieder unter Kontrolle. »Tastverhaltensweisen«, nennt das Hurrelmann. »Dann spüren junge Leute selbst eine gefährliche Entwicklung und schrauben sie wieder zurück. Alle diese Dinge haben sich bisher stabilisiert und eingerenkt. Und von einer Auspowerung der jungen Generation durch die Digitalisierung zu sprechen sehe ich überhaupt keinen Anlass.«

**Die Kunst der Selbstregulation – ein Vater erzählt:**
»Mein Sohn kam mit seiner Band zu mir nach Berlin, weil sie hier ein Konzert hatten. Vier ausgewachsene, junge Männer zwischen 25 und 28 Jahren schlugen ihre Zelte bei uns auf. Den ganzen Tag daddelten sie an ihren Laptops und Handys herum und schickten sich über Facebook, Instagram und WhatsApp-Witzchen und Pornokram. Darum fragte ich sie, ob sie nicht rausgehen wollen. Berlin und so. Daraufhin schauten mich alle vollkommen entgeistert an.
›Wir warten nur auf dich‹, sagte mein Sohn.
›Der Papa muss aber arbeiten‹, sagte ich halbspöttisch.
›Bis wann denn?‹
›Naja, bis 19 Uhr ganz sicher‹, schätze ich.
›Dann können wir ja was essen gehen, okay?‹
Während ich also weiter meiner Arbeit nachging, hingen die Jungs weiter über ihren Laptops und Smartphones. Gegen 18.30 Uhr gingen wir gemeinsam zum vietnamesischen Restaurant. Doch kaum am Tisch legte der Schlagzeuger sein Smartphone in die Mitte des Tisches. Die anderen Bandmitglieder stapelten ihre Geräte so lange darüber, bis ein kleiner Turm entstand.
›Was soll denn das werden?‹, wollte ich wissen.

›Leg deins auch drauf‹, riet mir mein Sohn.

Neugierig setze ich mein iPhone ganz oben auf den Stapel. ›Und jetzt?‹

›Wer zuerst sein Smartphone nimmt‹, erklärte der Schlagzeuger, ›der muss zahlen. Für alle.‹

Und so saßen wir den ganzen Abend beim Vietnamesen bei Sommerrollen und Pho-Suppe und redeten. Zwischendrin brummte und vibrierte es auf dem Tisch. Alle zuckten zusammen. Ich auch.«

Puh, dieser Vater. Nun ja. Das war ich. Und ich verrate auch nicht, wer am Ende die Rechnung für alle gezahlt hat.

## Mein Blickwinkel, dein Blickwinkel

Jugendliche selbst haben eine ganz andere Sichtweise auf das Thema und vielleicht hilft es, mal gelegentlich die Perspektive zu tauschen.

»Meine Tochter hängt von morgens bis abends an dem Ding«, erzählt mir Kathrin aus Bremen. »Wenn ich sage, dass sie süchtig ist, eskaliert alles.«

Ein Dauerstreit-Thema, nicht nur bei den beiden.

»Ich bin überhaupt nicht süchtig«, protestiert ihre 14-jährige Tochter.

»Aber du hast doch dein Smartphone ständig in der Hand!«, insistiert die Mutter.

»Ja, aber in den Sommerferien war ich drei Wochen mit dem BUND zelten und hatte kein Handy dabei. Ich habe es nicht vermisst. Wäre ich süchtig, hätte ich das überhaupt nicht ausgehalten.«

Das ist wahr. Für Kathrin aber bleibt das Nutzungsverhalten ihrer Tochter an den anderen 49 Wochen des Jahres dennoch besorgniserregend. Meiner Meinung nach können und müssen wir mit unseren Kindern über die Problematik der übertriebenen Nutzung diskutieren können. Das klappt immer dann besonders gut, wenn der Ton vorwurfsfrei bleibt und über dem ganzen Gespräch kein Damokles-Schwert des Smartphone-Verbots baumelt. Vielleicht sollten wir einfach auch nur besser zuhören.

## Das Smartphone ist der erste Schritt zum Cyborg

**Ein Gespräch mit Fachleuten, also Jugendlichen, über ihre Smartphonenutzung**
Im Kreuzberger Büro der TINCON erklären Charly (16), Ole (16) und Kaan (17), wie sie das empfinden.

*Warum kann kaum jemand das Smartphone aus der Hand legen?*
Kaan: »Wenn ich morgens aufwache, schaue ich auf mein Handy, wie spät es ist, wie viel Leute mich erreicht haben und ob etwas Wichtiges passiert ist. Ich schaue auch immer dann drauf, wenn ich nichts zu tun habe. Habe ich was zu tun, lege ich es weg. Wenn ich es zum Beispiel jetzt im Gespräch nutzen würde, wäre das komisch. Es wäre mir unangenehm. Aber sobald wir fertig sind, werde ich kurz aufs Handy schauen. Und wieso sollte man das Handy beiseite-

**169**

packen? Es passt perfekt in die Tasche, du hast immer die Möglichkeit, es bei dir zu haben.«

*Ist das gar kein Nachteil?*
Kaan: »Doch. Das Smartphone ist der erste Schritt zum Cyborg. Du hast eben so viel Daten und so viele Sachen von dir selbst drauf, die dich widerspiegeln. Es ist wie eine Prothese, jedoch für etwas, was vorher nicht da war. Es ist wie eine Prothese für eine dritte Hand. Sobald man sie hat und sie dann plötzlich nicht mehr hat, ist es komisch. Darum werden manche Leute auch so wütend, wenn man ihnen das Smartphone wegnimmt. Es ist so, als würde man ihnen eine Hand wegnehmen. Man ist mehr davon abhängig, als man wahrnimmt.«

Charly: »Für mich nicht. Ich kenne diesen Wunsch, es ständig in der Hand zu halten, nur, wenn es neu ist. Nach einer bestimmten Zeit ist diese Art »Sucht« weg. Ich persönlich finde, dass man sein Smartphone auch weglegen kann. Ich kann das gut.«

*Wird es nie zu viel mit den Medien?*
Ole: »Mit dem Smartphone nicht, eher mit dem PC, wenn ich zu versteift auf eine Sache bin. Sobald ich etwas programmieren will und es nicht funktioniert, bin ich frustriert. Oder wenn ich in einem Schulprojekt wegen zu viel Information total überfordert bin.«

Kaan: »Dieses ganze Smartphone- und Computerzeug ist echt gut gemacht und ausgeklügelt. Die Toleranzgrenze ist sehr hoch, bevor es dir irgendwann zu viel wird. Es gibt das sogenannte Phantom Vibration Syndrom. Das bedeutet, dass du dein Smartphone vibrieren fühlst, obwohl es gar nicht vibriert. Das habe ich extrem oft. Zum Beispiel wenn ich links in meiner Hose das Smartphone habe, rechts den Schlüssel trage und es dann rechts vibrieren spüre. Das sind die Momente, in denen es zu viel wird. Nur merkst du gar nicht, dass es so ist. Und dann gehst du doch wieder ans Smartphone, aber da ist nichts.«

Charly: »Man muss es generell mehr zur Seite legen und sich sagen, dass man sich da nicht so reindramatisieren soll, dass es nicht so wichtig ist. Du musst einfach deine eigene Grenze herausfinden.«

*Ist zur Ruhe kommen nicht wichtig?*
Kaan: »Man kommt einfach nicht zur Ruhe, weil man das Smartphone immer dabeihat. Es ist vom Prinzip so ähnlich, wie wenn du einem Freund nachtrauerst, mit dem du sehr viel Zeit verbracht hast. Mit dem Smartphone hast du auch viele Jahre etwas gemeinsam erlebt und in Fotos und Sprachaufnahmen festgehalten. Obwohl ich der Meinung bin, dass Momente immer schöner sind, wenn man sie nicht festhält. Ich habe mir abgewöhnt, in jedem Moment ein Foto oder ein Video zu machen. Darum habe ich auch kein Facebook und kein Twitter, weil ich keinen Drang habe, alles allen zu berichten. Wenn ich etwas wirklich Cooles gemacht habe, dann sende ich das ein oder zwei Freunden.«

*Wie kann man sich erziehen, zur Ruhe zu kommen?*
Charly: »Ich mach das nach dem ›Sei nicht so oft am

Handy – ich bin deine Mutter‹- Prinzip. Man soll sich selber zurückhalten und es sich selbst verbieten. Du kannst dir auch einen Wecker stellen, wie lange du am Smartphone sein willst. Oder du machst dir einen Bildschirmhintergrund ›Sei nicht so oft am Handy‹.«

Ole: »Wenn der Punkt kommt, an dem du es selber nicht mehr schafft, kannst du Freunde und Familie bitten, dich darauf aufmerksam zu machen. Wenn ich am Smartphone bin, dann sage ich mir, dass ich besser rausgehen und etwas mit Freunden unternehmen sollte, anstatt zu Hause rumzuhängen. Weg vom Digitalen zurück ins Analoge.«

**Der Bim-Effekt: Was passiert eigentlich im Gehirn?**

Die übermäßige Nutzung hat auch etwas mit dem Belohnungssystem in unserem Gehirn zu tun. Nur wie genau funktioniert das? Der Hirnforscher Prof. Dr. Thomas Kammer erklärt das im Gespräch sehr anschaulich: »Wir haben in uns eine ständige Maschinerie laufen, die versucht, die allernächste Zukunft vorauszusagen. Wir versuchen ständig, abzuschätzen, was gleich als Nächstes passiert.«

*Warum versuchen wir das?*

Prof. Dr. Kammer: »Das hat auch seinen guten Grund: Damit wir nicht plötzlich in eine Fallgrube reinfallen oder von einem Baum erschlagen werden. Das Belohnungssystem macht immer einen Abgleich: Ist das, was jetzt wirklich eintritt, besser als das, was wir eigentlich vorausgesagt haben, oder nicht? Und wenn die Wirklichkeit besser als vorausgesagt ausfällt, dann ist es für uns interessant, weil es uns besser dastehen lässt, wenn wir das immer wieder zustande bringen. Das ist das eigentliche Belohnungssignal: Wenn wir merken, hier ist etwas Besseres passiert, als wir erwartet haben.«

*Also wie der Klingelton beim Smartphone...*
Prof. Dr. Kammer: Wenn das Smartphone »Bim« macht, weil eine neue WhatsApp angekommen ist, weckt das zunächst mal unser Aufmerksamkeitssystem. Das »Bim« ist ein Hinweis darauf, dass irgendetwas in der Welt los ist. Und das könnte ja besser sein als meine eigene aktuelle Voraussage. Ich bin dann auch sofort neugierig. Vielleicht ist ein lustiges Foto angekommen? Es könnte sein, dass wir diesen Moment gleich erleben. Dann gibt es Konditionierungseffekte, dass wir das »Bim« schon selbst als etwas Besseres erleben, als wenn es nicht »Bim« macht, obwohl wir gar nicht wissen können, was dahintersteckt. Wenn wir jedes Mal erleben, dass das etwas Lustiges oder Tolles ist, dann gewöhnen wir uns daran und das führt tatsächlich in so eine Suchtschleife. Allein schon, weil uns das »Bim« wieder in diesen Zustand versetzt: Aha, jetzt könnte etwas Besseres passieren. Dann kommt sogar so ein Durst-Effekt: Es muss dann immer häufiger »Bim« machen, damit dieser Effekt wieder eintritt.

*Die Gretchenfrage: Gibt es eine Smartphone-Sucht?*

**Den Belohnungsaufschub lernen oder was genau es mit der Smartphone-Sucht auf sich hat**

Ein Mann, der tagtäglich mit der Suchtproblematik zu tun hat, ist Dr. Klaus Wölfling, der sich in der Ambulanz für Spielsucht als gefragter Suchtexperte einen Namen gemacht hat.

*Machen Smartphones süchtig? Gibt es eine Smartphone-Sucht?*

Dr. Wölfling: »Bisher sind sich die Wissenschaftler da uneinig. Joel Billieux von der Universität Luxembourg vertritt die Meinung, dass Suchtpotential für Smartphones besteht, weil sie auf dem Gerät Internetverfügbarkeit bieten. Wir selber sehen das aber hier bei uns im klinischen Bereich ganz selten bis gar nicht. Wenn Kinder und Jugendliche mit problematischem Verhalten zu uns kommen, dann eher, weil sie Spielkonsolen oder PC nutzen. Somit ist eigentlich ein Begriff wie Smartphone-Sucht für mich aus der klinischen Perspektive nicht unbedingt zu tragen.«

*Andererseits wäre doch zu erwarten, dass eben dieselben Mechanismen wie sie jetzt bei Spielen oder Internetnutzung wirken, auch auf das Smartphone übertragbar sind.*

Dr. Wölfling: »Stimmt. Aber wir sehen eigentlich nur Erwachsene mit Sportwettsucht oder mit Pornographiesucht, die sich ›smartphonesüchtig‹ betätigen. Mit zunehmender technischer Entwicklung kann allerdings auch ein höheres Suchtpotential von Smartphones ausgehen, wenn etwa die Grafikleistung zunimmt oder andere Verbindungsgeräte wie die 3-D-Brille angeschlossen werden. Dann wird natürlich die Neigung zur Abschottung und das Suchtpotential höher. Dadurch, dass das Smartphone aber mobil ist, gibt es diese Tendenz, sich zu isolieren, nicht unbedingt.«

*Also hat Sucht immer etwas mit Isolation zu tun?*
Dr. Wölfling: »Ja. Sucht hat etwas mit Isolation zu tun, weil sich darüber die Gedankenschleifen auf das Medium hin sehr verengen. Wenn Sie viel rausgehen, bekommen Sie auch andere Eindrücke. Als zum Beispiel Pokemon Go herauskam, wurden wir gefragt, ob wir darin ein Suchtpotential sehen. Sehen wir eigentlich nicht, weil bisher noch kein Patient mit diesem Problem bei uns aufgetaucht ist.

*Wenn der große Begriff Sucht nicht zutrifft, macht das die Sache aber auch nicht weniger harmlos, oder?*
Dr. Wölfling: »Doch. Schon weil dieser Suchtendpunkt, der dann wirklich pathologisch wäre, nicht erreicht wird. Auf der anderen Seite ist natürlich die übermäßige Nutzung trotzdem eine Einschränkung, die sich allerdings von einer klassischen Internet- oder Computerspielsucht unterscheidet.«

*Wie sieht dieser Unterschied aus?*
Dr. Wölfling: »Betroffene Personen können ihren Konsum nicht mehr kontrollieren. Da sind zwar häufig auch Tendenzen beim Smartphone zu sehen, aber dieser Kontrollverlust wird eben häufig unterbrochen, wenn ich das Gerät zum Beispiel in der Bahn benutze und dann aussteigen muss. Die Mobilität spielt dabei eine sehr wesentliche Rolle, weil sie durch den Wechsel des Orts für Unterbrechungen sorgt. Ein anderer Punkt ist, dass das Smartphone an sich noch nicht diese Immersionsfaktoren wie zum Beispiel ein PC bietet. Das ist ja doch ein sehr kleiner Bildschirm, der wenig Audioinput und visuellen Input aufweist. Deswegen ist das Smartphone im Prinzip ein reduziertes Suchtmittel. Und auch ansonsten sind die klassischen Suchtkriterien bei der exzessiven Smartphonenutzung nicht unbedingt erfüllt.«

*Wie sehen diese Kriterien denn aus?*
Dr. Wölfling: »Zum Beispiel Toleranzentwicklung. Dass man immer mehr konsumieren muss, um denselben Kick zu erlangen. So was ist häufig selbst bei exzessiver Smartphonenutzung nicht vorhanden. Dann wäre da noch die Vernachlässigung anderer Dinge, also wenn der blaue Brief von der Schule droht, die Kündigung vom Arbeitgeber kommt oder wenn Beziehungen abgebrochen werden. Das ist zwar häufig auch feststellbar, aber eben nicht in so einer extremen Ausprägung.«

*Viele Eltern denken trotzdem, dass ihre Kinder süchtig sind, weil das Handy morgens das Erste ist, was ihre Kinder in die Hand nehmen und abends das Letzte, was sie aus der Hand legen.*

Dr. Wölfling: »Ja, das ist schon richtig, aber dennoch sehen wir darin keine solche Einschränkung wie bei einer Sucht. Das ist der gegenwärtige Status quo in der klinischen Forschung, und der kann sich durchaus auch mal ändern.«

*Was kann man tun, wenn Kinder das Handy exzessiv nutzen?*

Dr. Wölfling: »Da gelten natürlich in abgeschwächter Form dieselben Phänomene, die wir bei der Sucht anwenden: Wir schauen erst einmal, warum diese Nutzung so stark ausgeprägt ist. Gibt es einen psychischen Hintergrund? Ist es ein Coping-Verhalten, also eine Stress-Bewältigungsstrategie? Geschieht das aus bestimmten inneren Konflikten heraus? Oder bahnt sich da möglicherweise eine Suchtentwicklung an, die aus dem Medium heraus entsteht?«

*Und was kann man konkret dagegen tun?*

Dr. Wölfling: »Wir versuchen entweder, die Hintergrundkonflikte aufzulösen, setzen auf zeitliche Restriktion oder für einen bestimmten Zeitraum auf komplette Detoxifikation. Es ist sinnvoll, ein Smartphone-Detox bei Betroffenen durchzuführen, um damit bessere Konsequenzen und Regeln zu lernen. Während wir uns bei der Behandlung der Computersucht ziemlich stark auf die Abstinenz fokussieren, geht es beim Smartphone eher um ein Reduzieren. Das wäre auch mein Tipp für Eltern: Wie bei Computerspielen Stundenzeiten, also Kontingente entwickeln und diese restriktiv durchsetzen.«

*Das ist ja beim Smartphone durch seine Mobilität wesentlich schwieriger als beim PC.*
Dr. Wölfling: »Richtig. Aber dann muss das Handy eben abgegeben werden. In bestimmten Schulen ist ja die Nutzung beispielsweise auch verboten.«

*Wie sieht denn die Steigerung des Suchtproblems aus?*
Dr. Wölfling: »Ich würde sagen: unauffällig, problematisch, missbräuchlich, Sucht.«

*Wie kann ich die unterscheiden?*
Dr. Wölfling: »Wir arbeiten mit neun Kriterien. Treffen eins bis drei Kriterien zu, dann würde man von einem problematischen Verhalten sprechen. Werden drei oder vier Kriterien erfüllt, dann würde man von einem Missbrauch sprechen. Bei fünf oder mehr ergäbe das eine Suchtdiagnose.«

*Warum sind Kinder eigentlich anfälliger als Erwachsene?*
Dr. Wölfling: »Wie werden ja mit bestimmten Voraussetzungen geboren. Das Belohnungssystem zählt zu diesen Voraussetzungen, das einer bestimmten Ent-

wicklung unterliegt und erst reifen muss. Wie Sie das von sich selbst und Ihren Kindern kennen dürften, will man als Kind und Jugendlicher alles jetzt und sofort haben. Und wenn sich das nicht einstellt, wird man unter Umständen missstimmig. Beim Erwachsenwerden lernen wir den Belohnungsaufschub. Das dauert aber eine Weile, bis sich diese Fähigkeit des Delay of Gratification, die Fähigkeit, Belohnungen abzuwarten, eingestellt hat. Und wir wissen, dass im Jugendalter die präfrontalen Regionen, also die Regionen hinter der Stirn im Großhirn, noch nicht so gut entwickelt sind und Entscheidungen eher im Zwischenhirn getroffen werden, wo die emotionale Verarbeitung geschieht. Dann kann eben jede kleinste Veränderung zu einer tiefen Krise führen; als Erwachsene sind wir dann ein bisschen besser gepuffert. Wir können bestimmte Belohnungen besser abwarten, auf etwas hinarbeiten oder Enttäuschungen relativieren. Das können Kinder und Jugendliche noch nicht so gut. Und jetzt stellen Sie sich bitte vor, wie auf so ein noch nicht ausgebildetes Gehirn diese allversprechende Smartphonenutzung trifft. Die sind eben noch gar nicht in der Lage, sich dem gut zu entsagen. Und deshalb braucht es seitens der Eltern restriktive Regeln.

## Sucht oder nicht Sucht – ein Fazit

Kinder sind schnell begeistert. Und wenn sie von etwas begeistert sind, dann neigen sie zu einer exzessiven Nutzung.

Wir selbst haben als Kinder auch Dinge exzessiv betrieben, die schon unsere Eltern beunruhigt haben. Mit dem Begriff »Sucht« sollten wir deshalb sehr vorsichtig umgehen und ihn nicht zu leichtfertig in den Mund nehmen. Aber nur weil dieser Begriff beim kindlichen Umgang mit Smartphones und Tablets noch nicht wissenschaftlich bewiesen wurde, ist das kein Grund zur Entwarnung. Einen differenzierten und feinsinnigen Blick für das Thema Abhängigkeit hat Bert te Wildt, Oberarzt an der Klinik für Psychosomatische Medizin und Psychotherapie in Bochum. Er ist nicht nur Autor des Buches *Digital Junkies*, sondern hat auch die Online-Ambulanz OASIS eingerichtet. »Oasis ist«, heißt es auf der Seite www.online-ambulanz.de, »ein vom Bundesministerium für Gesundheit (BMG) gefördertes Projekt, im Rahmen dessen der Online-Ambulanz-Service zur Diagnostik und Beratung von Internetsüchtigen sowie deren Angehörigen in ganz Deutschland bereitgestellt wird. Vielen Internetabhängigen fällt es schwer, das Haus zu verlassen, oder sie wissen nicht, wo sie Hilfe bekommen können. Deshalb möchten wir die Betroffenen dort erreichen und abholen, wo ihre Sucht entstanden ist, und sie bei Bedarf in eine entsprechende Behandlungseinrichtung in ihrer Nähe vermitteln.«

Besonders erwähnenswert ist der Selbsttest für Betroffene oder Angehörige, die der Medienkonsum ihres Kindes, Partners oder Freundes beunruhigt. Denn es gibt ein Recht, sich Sorgen zu machen. Und es gibt eine Erziehungspflicht. Die Regeln im vorigen Kapitel können ihren Teil zu einem vernünftigeren Umgang beitragen. Aber bitte immer mit Augenmaß, Güte und Verständnis.

## 10 Punkte, die wir beim Thema Sucht im Augen behalten sollten

### 1. Es ist nicht alles Sucht

Ja, Kinder verbringen zu viel Zeit mit Smartphone & Co. Dennoch ist eine exzessive Nutzung nicht immer gleich Sucht, auch wenn es sich für uns so anfühlt. Wenn es eindeutig zu viel wird, müssen wir Eltern einen Riegel vorschieben.

### 2. Sich nicht verrückt machen lassen

Mit Ängsten von Eltern spielen die Medien gerne, um mehr Aufmerksamkeit zu erreichen. Etwa wenn Computerspieler in Asien wegen des Spiels verhungert sein sollen. Vorsicht vor reißerischen Überschriften, die uns tief verunsichern können. Der beste Maßstab ist ein Blick auf das eigene Kind und sein Medienverhalten.

### 3. Es ist schwer, das Smartphone aus der Hand zu legen

Wenn wir erst akzeptieren, wie schwer es Kindern, aber auch uns selbst fällt, das Gerät aus der Hand zu legen, ist das erst mal eine Entlastung. Es lässt sich immer besser über das Nutzungsverhalten sprechen, wenn Schuldzuweisungen oder Schuldgefühle außen vor bleiben.

## 4. Was ist mit der Resilienz?

Kinder stark machen für das Leben steht ohnehin im Mittelpunkt der Erziehung. Und Smartphones und Internet gehören zum Leben dazu. Kinder resilient zu machen heißt, ihnen das Rüstzeug an die Hand zu geben, um zu wissen, was sie zu tun haben, wenn etwas schiefgeht. Sie sollen angstfrei agieren, eigenverantwortlich handeln und sich selbst regulieren können. Ein hehres Ziel.

## 5. Wie sieht die Steigerung beim Thema Sucht aus?

»Unauffällig, problematisch, missbräuchlich, Sucht«, so erklärt es der Psychologe Dr. Klaus Wölfling. Dabei gilt es, genau im Blick zu behalten, in welchem Stadium sich unsere Kinder befinden.

## 6. Regelmäßiger Verzicht hilft

Immer wieder Pausen mit den Geräten einzulegen ist eine gute Suchtprävention. Das kann ein smartphonefreier Tag sein oder auch bedeuten, den Medienkonsum in die Fastenwoche einzubeziehen. Siehe auch Detox (Seite 260).

## 7. Signale ausschalten

Klingeltöne sollten wir bei bestimmten Apps ausschalten und Benachrichtigungen durch Apps deaktivieren. Es entlastet ebenfalls, wenn im Sperrbildschirm keine Nachrichten angezeigt werden.

## 8. Reden wir mit Kindern über Sucht?

Reden ist immer gut. Ob es gleich mit dem Reizwort

»Sucht« geschehen muss, ist eine andere Frage. Generell sollten wir regelmäßig mit unseren Kindern das Thema Smartphone anschneiden und sie fragen, wie es ihnen damit geht. Macht alles Spaß oder stresst es auch? Welche Ideen haben Kinder, um mit dem Handy umzugehen?

## 9. Wenn es richtige Suchtprobleme gibt

Sobald es Anzeichen von ernsthaftem Suchtverhalten gibt, sollten Sie professionelle Hilfe suchen. Anzeichen dafür sind deutlich, wenn das Kind nicht mehr am Essen, an der Schule oder dem Familienleben teilnimmt, sondern sich komplett zurückgezogen hat.

## 10. Selbsttest

Im Zweifel hilft ein Selbsttest hier:

https://www.onlinesucht-ambulanz.de/selbsttest

# KAPITEL 6

## Gut zu wissen: Technikverständnis

*Spielen, posten und Selfies – Was Kinder und
Jugendliche so machen und warum*

**Lass bitte diesen Kelch an mir vorübergehen oder
wie ich lernte, Facebook zu lieben**
Vor einigen Jahren hatte ich die leise Hoffnung, dass Facebook irgendwie an mir vorbeiziehen würde. Nicht noch so
eine digitale Neuerung, dachte ich insgeheim. Doch dann
erklärten mir meine damals 22 und 18 Jahre alten Söhne,
dass sie zusammenziehen würden, weil sie festgestellt hätten, dass sie die »besten Freunde auf der ganzen Welt« seien.

Wie bitte? Meine Söhne hatten sich in ihrer gesamten
Kindheit bis aufs Blut gestritten und sich gegenseitig mit
List und Perfidie in den Wahnsinn getrieben. Eines Tages
hatte der Ältere sogar die CD »I believe, I can fly« mit einer
Gabel zerkratzt, nur damit der Jüngere sie nicht mehr in
Dauerschleife hören konnte. Und diese beiden Streithähne
sollten auf einmal die besten Freunde geworden sein? Da
wurde mir schlagartig klar, dass ich ein »Fenster« in diese
Wohnung hinein brauchen würde, und meldete mich bei
Facebook an. Sobald sich online nur der Hauch eines WG-

**184**

Dramas andeuten würde, könnte ich sofort zum Hörer greifen. Kein Ruhmesblatt, ich weiß. Sehr helikopteresk, ich weiß. Aber so kam ich zu Facebook und verstehe seitdem, wie es funktioniert, was daran anziehend und was daran abstoßend ist.

## Brauchen wir ein Technikverständnis, um unseren Kindern zu helfen?

Ja. Als ich im Vorfeld zu diesem Buch Eltern und Lehrer befragte, welche Themen ihnen besonders am Herzen lägen, kam mit sehr großer Übereinstimmung der Wunsch nach einem besseren technischen Verständnis auf. Dabei geht es nicht um eine Operation am offenen Smartphone, sondern um das Aufzeigen von Grenzen. Dies fiel den meisten Befragten besonders schwer, da ihnen das Grundwissen darüber fehlte, was ihre Kinder alles mit ihren Geräten anstellen.

»Viele Eltern«, schrieb eine Lehrerin, »versuchen vor allem bei den jüngeren Kindern, Zeiten und Nutzung einzuschränken, fühlen sich aber oft auch in rein technischer Hinsicht überfordert. Hier besteht neben den pädagogischen Herausforderungen großer Informationsbedarf. Sobald das Kind sein Handy nutzt, entwickelt sich eine Eigendynamik.« Denn Kinder würden eigenständig die vielen Möglichkeiten entdecken, die in so einem internetfähigen Handy stecken.

Keine Sorge, niemand muss sich jetzt bei Facebook, Instagram oder Snapchat anmelden und dort aktiv sein oder den ganzen Tag App-Spiele daddeln. Aber es ist schon sehr hilfreich, wenn wir die Prinzipien und Funktionen dieser Angebote verstehen. Welchen Nutzen ziehen Kinder und Jugendliche daraus und worin besteht die Bindung und verstärkende Wirkung? Soziale Netzwerke bilden hier den Anfang, weil sich darin viele problematische Themen wie Schönheitswahn, Selfies und Kommunikationsstress bündeln. Darum erst einmal grundsätzlich:

## Was wir über soziale Netzwerke wissen müssen

**Was sind eigentlich soziale Netzwerke?**
Auf diese Frage werden schnell Facebook, Instagram, LinkedIn, Xing und weitere bekannte Namen heruntergeleiert, die einem so einfallen. Vielleicht einen Ticken zu schnell. Die erste Reaktion zeigt aber zumindest, wie untrennbar heute der Begriff soziales Netzwerk mit großen Social-Media-Playern verbunden ist. Als hätte Mark Zuckerberg mit Facebook persönlich das soziale Netzwerk erfunden. Hat er nicht. Denn wir alle leben in sozialen Netzwerken wie Familie, Freunde, Kollegen, Nachbarn, Schulklasse … Bis auf Eremiten führen eigentlich alle ein Dasein in Gesellschaft. Der Mensch erlebt sich selbst nur in Gemeinschaft, will dazugehören, gleichwertig sein und muss sich auch an ihr reiben.

**Was geschieht in sozialen Netzwerken?**
In sozialen Netzwerken tauschen sich Kinder, Jugendliche

und Erwachsene aus, informieren sich gegenseitig, sprechen sich ab, planen, unterstützen, helfen, streiten, lästern, schimpfen oder führen vertrauliche Gespräche. In sozialen Netzwerken können bei Sorgen und Nöten auch Ratschläge eingeholt oder gegeben werden. Ganz ähnlich funktioniert das auch im Internet. Mit dem Riesenunterschied, dass hier auch vollkommen Fremde plötzlich Zugang zum eigenen Netzwerk erhalten. Generell unterschieden wird im Web zwischen privaten Netzwerken wie Facebook oder beruflichen wie LinkedIn oder Xing, wenn es um Jobkontakte oder Jobangebote geht. Dabei lässt sich das inzwischen nicht mehr so genau trennen, weil viele erwachsene Nutzer auf Facebook die private und die berufliche Selbstdarstellung stark vermischen.

**Warum reden wir eigentlich dauernd von Facebook?**
**Ein Zwischenruf**
Ja, es ist stimmt: Kinder und Jugendliche meiden immer mehr das soziale Netzwerk Facebook – die Erwachsenen-Dichte ist ihnen verständlicherweise einfach zu hoch geworden. Aber richtig ist auch, dass Facebook heute für soziale Netzwerke so exemplarisch steht wie Google für Suchmaschinen und Tempo bei Taschentücher. Zudem gehören Instagram und WhatsApp ebenfalls zu Facebook, und es wäre doch mehr als naiv, anzunehmen, dass dem keine Bedeutsamkeit beizumessen sei. Facebook ist auch deshalb als Musterbeispiel so geeignet, weil die damit verbundenen Sorgen, Nöte und Probleme auch bei anderen sozialen Netzwerken immer die gleichen sind.

## Was ist der Unterschied zwischen nichtdigitalen und digitalen sozialen Netzwerken?

Im Prinzip sind soziale Netzwerke wie Facebook & Co. ein auf private oder berufliche Informationen aller Art reduziertes Internet. Weil der Nutzer die Personen darin meist mehr oder weniger kennt, hat er zu den Meldungen und Bildern sofort einen persönlichen Bezug. Es ist eben ein Unterschied, ob einem echten Freund etwas Positives/Negatives widerfährt oder einem Fremden. Durch den persönlichen Bezug bekommt der Nachrichtenstrom auf sozialen Netzwerken eine aktive und attraktive Magnetfunktion.

»Für mich«, reflektiert die 16-jährige Elena, »ist das superpraktisch, weil ich so dauernd sehen kann, was bei meinen Freunden so los ist.«

Soziale Netzwerke im Internet haben zudem den Vorteil, zeitunabhängig wie E-Mails zu sein. Es spielt also keine Rolle, wo und wann der Einzelne etwas postet oder liest. Die Netzwerke informieren ihre Nutzer über Reaktionen, denn die sind das Salz in der Social-Media-Suppe und verlocken ihre Nutzer, immer wieder nachzusehen, ob und wie jemand auf einen Post eingegangen ist.

Auch die örtliche Distanz wird überwunden. »Als meine Nichte in Neuseeland geheiratet hat«, erzählt Markus aus Zürich, »konnte ich leider nicht hin. Aber über Facebook sah ich Fotos und Videos von der Feier. So hatte ich das Gefühl, wenigstens ein bisschen dabei gewesen zu sein.«

Es gibt aber auch ganz alltägliche Fälle, etwa wenn sich die Eltern getrennt haben.

»Ich bin sehr froh, dass ich meiner Tochter auf Instagram folgen kann«, findet Maik aus Koblenz. »Neben den Besuchen jedes zweite Wochenende, habe ich das Gefühl, an ihrem Alltag teilnehmen zu können.«

Das ist schön. Natürlich können, sollen und werden soziale Medien die echte Begegnung niemals ersetzen. Immerhin lösen sie aber die typisch einsilbigen Telefonate ab, in denen Kinder auf Fragen mit muffeligen Ein-Wort-Sätzen (»Gut«) antworten.

## Was Kinder und Jugendliche an soziale Medien bindet

Im Grunde sind soziale Netzwerke wie Fenster in ein anderes, unbekanntes Leben. Freunde und fremde Menschen gewähren darin oft weitaus offenherzigere Einblicke, als sie es im nichtdigitalen Leben tun würden. Doch was treibt einen dazu an, immer wieder auf diese Seiten zu gehen und in einem privaten Internet zu blättern?

*Neugier:* Auch wenn es niemand gerne von sich behauptet, so neigen Menschen zu Wissbegier mit einer Prise Voyeurismus. Diesem Hang kann in sozialen Netzwerken jeder Mensch ungehemmt nachgehen, weil er dabei vollkommen unbeobachtet bleibt. Zumindest von der Person, der gerade das Interesse gilt. Gerade für Kinder und Jugendliche ist das deswegen so ein spannendes Medium, weil sie nach Orientierung suchen. Auf dem langen und steinigen Weg der eigenen Ich-Findung sehen sie genau hin, wie Gleichaltrige oder Erwachsene leben, wie sie sich darstellen oder auch wie sie Probleme lösen.

*Langeweile:* Mit Hilfe von Smartphones oder Tablets werden ohne zu überlegen schon beim kleinsten Ansatz von Monotonie und Stumpfsinn die Geräte gezückt, um für Abwechslung oder Unterhaltung zu sorgen. Ähnlich wie beim Fernsehen ist immer etwas los. Warum aber spielt die Ablenkung so eine große Rolle? Weil kaum etwas so schwer ist, wie sich selbst auszuhalten. So ergeht es Erwachsenen, aber auch Jugendlichen. Nadja, eine 15-jährige Schülerin aus Berlin, war zum Schüleraustausch in Frankreich. Sie lebte sechs Monate in einem Dorf, in dem nichts los war. Absolut nichts. Aber es gab in der Gastfamilie WLAN. »Ohne meine alten Freunde online hätte ich diese Zeit nicht überlebt«, erzählt sie. »Jeden Abend haben wir stundenlange gechattet oder über WhatsApp telefoniert.« Ihr Vater sah das ganz anders. Er begrüßte es, dass seine Tochter nicht ständig auf Partys war, sondern endlich mal auf sich selbst zurückgeworfen war. Jedes Mal, wenn ihr Vater sagte, dass ihr das doch mal ganz gut täte, wurde Nadja stinksauer: »Ruhe ist vielleicht was für Leute in deinem Alter«, giftete sie, »aber ich bin jung und brauche keine Ruhe. Ruhe ist für junge Leute scheiße.«

*Die Angst, etwas zu verpassen:* wird auch FOMO (Fear of Missing Out) genannt. Für Kinder und Jugendliche ist die Angst, etwas zu verpassen, deutlich fundamentaler ausgeprägt als für Erwachsene. Denn wer etwas versäumt, kann nun mal nicht mitreden. Wer nicht auf dem Laufenden ist, fällt schnell aus der Gemeinschaft. Erwachsene finden diese Besorgnis meist unbegründet. Dabei ist es überhaupt nicht wichtig, ob diese Befürchtung der Wahrheit entspricht oder nicht, sondern wie sie sich anfühlt: bedrohlich.

»Hinter dieser Angst«, bestätigt Karin Knop von der Uni Mannheim, »steckt ja oft viel mehr, als nur etwas zu verpassen. Da steckt viel mehr das menschliche Grundbedürfnis dahinter, dazuzugehören. Dies aber in einem solchen Maß, dass ich nicht mehr genießen kann, wo ich gerade bin. Manche denken, wäre ich jetzt nur auf der Party zwei, Party drei oder Party vier, dann wäre es viel besser. Das Hier und Jetzt nicht mehr genießen zu können ist problematisch und für die Persönlichkeitsentwicklung nicht zuträglich.«

*Anerkennung*: Eine hohe Anzahl an »Freunden« ist von immensem Wert für Jugendliche. Auch Likes und Kommentare gehören als Währung zu den großen Bindungsfaktoren der sozialen Medien. Likes sind *der* Messgrad der Anerkennung. Viele Likes zeigen den Erfolg an, ihr Mangel wiederum löst schlechte Gefühle aus. Mit Likes zeigen wir verschiedene Reaktionen, zum Beispiel:

> Ich habe es gesehen.
> Mir gefällt das, was du schreibst.
> Ich fühle gerade mit dir.

Seit einer Weile bietet Facebook auch andere Emoticons als Reaktionsmeldung an, wie zum Beispiel Lachen, Liebe, Wut oder Trauer.

*Mitteilungen:* Ein weiteres Bindungselement sind die Benachrichtigungen. Gerade wer soziale Netzwerke sehr sporadisch nutzt, wird immer wieder informiert, welche Onlineaktivitäten die Freunde getätigt haben. So fällt es Jugendlichen schwer, sich zu entziehen, wenn sie gerade etwas völlig anderes tun wollten. Der Fernseher schickt ja auch keine Nachrichten, welche Freunde gerade welche Serie schauen.

Es gibt jedoch noch ein deutlich elementareres Motiv:

**Der tiefe Wunsch nach Beziehung**
Zwei Milliarden Menschen sind allein bei Facebook unterwegs, weil dahinter eigentlich nur eins steckt: »Das Bedürfnis nach Beziehung, nach Vertrauen und nach sozialen Werten«, erklärte mir mal der Kindheitsforscher Remo Largo in einem Gespräch.

Auf sozialen Netzwerken können Menschen sich ganz nah sein und trotzdem gleichzeitig auf Distanz halten. So ergeht es nicht nur Erwachsenen, sondern auch Kindern und Jugendlichen. Jetzt folgt natürlich die typische Erwachsenenfrage, warum das ausgerechnet über das Internet geschehen muss. Weshalb können Jugendliche nicht einfach persönlich zueinander in Beziehung treten?

Die simple Antwort: Weil es nicht einfach ist, sondern kompliziert.

»Als ich noch zur Schule ging«, erinnert sich Holger (30) aus Ludwigslust, »saß ich neben einem Mädchen in der Klasse. Sie hieß Annett. Dauernd haben wir uns SMS geschrieben. Ununterbrochen, bis die Prepaid-Karte leer war. Aber wir haben nie ein einziges Wort miteinander gewechselt. Sie war zu schüchtern. Und ich ehrlich gesagt auch.«

Ist es uns allen nicht ganz ähnlich ergangen? Bitte erinnern Sie sich an die eigene Schulzeit. Wenn ein Mädchen einen Jungen toll fand, ist sie doch auch nicht mit folgenden Worten auf ihn zugestürmt: »Hey, Michi, ich mag dich und du gehst jetzt mit mir, nur damit das klar ist!« Stattdessen wurden damals Briefchen geschrieben. Man muss kein Kommunikationsforscher sein, um festzustellen, dass es von keiner sonderlich intelligenten Vorgehensweise zeugt, wenn wir auf den Rücken eines Menschen, der uns am Herzen liegt, Papierschnipsel werfen, um mit ihm in Beziehung zu treten. Heute übernehmen die sozialen Netzwerke hier ähnliche Funktionen. Sie sind jedoch viel unverbindlicher als Briefchen. Weil diese Form der »Freundschaften« im Netz ganz normal sind, muss sich niemand mit seinen Gefühlen exponieren, sondern kann dabei in komfortabler Deckung bleiben. Gleichzeitig verfügen Jugendliche so vollkommen unbeobachtet über ihren persönlichen Abo-Kanal mit vielen nützlichen Fakten zur jeweiligen Person. So geraten sie an Informationen, die sie in ihren sozialen Kontakten weiterbringen. Denn wer gut über den anderen unterrichtet ist, kann ihm auch anders begegnen: vorbereitet. Es lässt sich bei einem persönlichen Gespräch viel schneller eine gemeinsame Ebene finden. Ist das neu? Nein, denn früher haben wir selbst auch alle Informationsquellen genutzt, die wir finden konnten: Namen von Bands, die auf das Schulmäppchen gekritzelt waren, oder wir fragten möglichst unauffällig den Freundeskreis über unseren Schwarm aus.

Übrigens geschieht im Berufsleben der Erwachsenen nichts anderes. Wer sich mit Kollegen oder Geschäftspartnern über soziale Kanäle wie Xing oder LinkedIn verbandelt, kommt so an Auskünfte, die sich in der weiteren Zusammenarbeit als durchaus vorteilhaft erweisen könnten, da es schneller Anknüpfungspunkte gibt.

## Die Rolle des Smartphones für Mädchen und Jungen im Zeitalter sozialer Medien

Das Smartphone, so heißt es immer wieder, sei ein Teil der Identität von Jugendlichen. Das klingt ein wenig abstrakt und distanziert. Erklärt das, weshalb sie das Gerät nicht mehr aus der Hand legen? Nein, denn das können ja auch viele Erwachsene nicht. Der Unterschied zu den Erwachsenen besteht darin, dass sich Kinder und Jugendliche mitten in einem enormen, jahrelang andauernden Entwicklungsprozess befinden, der sich in diesen grundsätzlichen Fragen zusammenfassen lässt:

> Wer bin ich?

> Was wird aus mir?

> Wer werde ich sein?

> Werde ich Erfolg haben?

> Werde ich Freunde haben?

> Werde ich meine große Liebe finden?

Jeder Mensch hat sich solche und ähnliche Fragen in dieser Alterspanne gestellt. Aber gerade weil es auf diese sensiblen Fragen keine schnellen Antworten gibt, sind sie so quälend und können den Selbstzweifel schüren. Zwar gehören Selbstzweifel und Ängste zu den treuen Gradmessern, um sich und seinen gegenwärtigen Stand zu überprüfen, doch nur wenn sie nicht zu stark werden oder uns überwältigen. Diese Prozesse lösen bei Kindern und Jugendlichen in der Adoleszenzphase mal große Euphorie, mal tiefe Beunruhigung oder auch große Verzweiflung aus. Die Übergänge sind dabei manchmal so fließend, dass viele Eltern unter diesen raschen Stimmungswechseln leiden. Wenn diese Phasen anstrengend bis unerträglich werden, möchten viele Erziehende am liebsten vorspulen. Nur mit welchem Recht? Müssten wir nicht eigentlich noch mehr Verständnis aufbringen? Erstens leiden die Kinder zum Teil selbst auch fürchterlich darunter, und zweitens ist niemand von uns mit 30 Jahren als fertig gebackener Erwachsener auf die Welt gekommen. Viele Eltern scheinen komplett verdrängt zu haben, dass sie ausnahmslos selbst durch diese schwierigen Zeiten gegangen sind.

Darum ist das Smartphone für Jugendliche nicht nur ein »Teil« ihrer Identität, sondern auch ihr bester Begleiter und das ideale Instrument zur Identitätsfindung. Damit kommen oder bleiben sie ohne große Hemmschwellen mit anderen in Kontakt, sprechen und chatten mit ihnen oder senden sich Sprachnachrichten. Sie schauen sich die Hobbys und Fotos der anderen an, messen sich daran oder versuchen, ihre eigene Selbstdarstellung zu optimieren. Es ist nun mal viel einfacher, über soziale Medien über 100 »Freunde« zu finden als im normalen Schulalltag drei echte. So gesehen ist die Welt von Instagram & Co. eine gigantische Spielwiese, um alles Mögliche auszuprobieren: Finden andere mich gut? Gehöre ich irgendwo dazu? Kann ich mithalten? Ist diese Gemeinschaft wie ein Netz, das mich zur Not auffangen kann?

**Ohne Smartphone kein Netz**

Wer diese Rolle des Smartphones begriffen hat, kann auch besser erkennen, warum Töchter und Söhne bei Entzug ausflippen. Zugegeben, ihnen zu sagen: »Jetzt pack doch mal das Handy weg« ist wichtig, nur kommt es bei ihnen ganz anders an, als wir es wahrnehmen: Was wir sehen, ist die unleugbar exzessive Nutzung. Für sie aber ist der Entzug ein Drama: Als ob einem Höhlenforscher auf seiner Expedition unter die Erde die Stirnlampe weggenommen wird. Plötzlich sind sie ohne Netz (nicht Internet), ohne Freunde. Das ist kein gutes Gefühl.

Müssen wir darum alles zulassen? Nein. Aber wer diese Bedeutung des Smartphones verstanden hat, wird sicher anders, klüger, nachsichtiger vorgehen. Auch sollten wir nicht aus den Augen verlieren, welche Kompetenzen zum Beispiel durch soziale Medien gewonnen werden können.

**Was Kinder und Jugendliche in sozialen Medien lernen können**

*Fördert Toleranz:* Nirgends wird die Vielfalt der Menschen

so offenkundig zelebriert wie in sozialen Netzwerken. Nur wenige Minuten darin reichen aus, um Augenzeuge einer Fülle unterschiedlichster Ansichten und Interessen zu werden. Sicher, hin und wieder rollen sich einem die Fußnägel auf, vom intensiven Wunsch begleitet, die dafür verantwortliche Person auf der Stelle aus der Kontaktliste zu löschen. Doch es nicht zu tun und die Existenz Andersdenkender zu akzeptieren ist eine sehr gute Toleranzübung. Selbstverständlich muss deswegen niemand diverse Postings und Einträge anderer Menschen automatisch gut finden, sondern darf auch widersprechen, was zum nächsten Punkt führt.

*Fördert Demokratiefähigkeit:* Das Recht auf freie Meinungsäußerung hat nicht eine Denkrichtung allein gepachtet. Sich mit Andersdenkenden im positiven Sinne zu streiten, stärkt das Demokratieverständnis. Natürlich nur, wenn das nicht in harsche Beschimpfungen und Drohungen ausartet – wie derzeit leider üblich. Die Streitkultur über ein soziales Netzwerk zu trainieren wäre übrigens auch ein gutes Schulprojekt. Diese Auseinandersetzung …

*… fördert das Denken:* Einerseits wird im Netz meist aus dem Bauch heraus reagiert. Wäre es jedoch nicht klüger, einen Moment innezuhalten und über gute und überzeugende Argumente nachzudenken? »Auch wenn mich jemand krass beleidigt, atme ich erst mal durch«, erzählt Jenny (15) aus Ulm. »Manchmal warte ich auch einen Tag

ab und schlafe noch mal drüber, bevor ich reagiere. Sonst eskaliert alles.«

Weil so viele Menschen auf sozialen Netzwerken unterwegs sind, offenbaren sich auch die unterschiedlichsten Denkweisen, an denen sich Jugendliche reiben können.

*Fördert Empathie:* Auf sozialen Netzwerken werden nicht nur Worte und Bilder geteilt, sondern auch Stimmungen und Gefühle transportiert. Mal mehr, mal weniger subtil. Weil Jugendliche meist in einer ähnlichen Lebensphase wie ihre Freunde stecken, können sie sich sehr gut in den anderen einfühlen. Darum loben sich zum Beispiel Mädchen überschwänglich mit »Du Hübsche«.

*Fördert Hilfsbereitschaft:* Kinder und Jugendliche sind in der Regel sehr solidarisch und hilfsbereit. Wenn jemand etwa für einen Ausflug noch einen Schlafsack oder ein Zelt braucht, fragt er im Netz und durch das Schneeballsystem findet sich immer Unterstützung. Das gilt auch für Probleme mit der Schule, wenn ein Sachverhalt im Mathematikunterricht nicht verstanden wurde oder jemand vergessen hat, welche Hausaufgaben noch zu machen sind. Das ist gut.

## DIE SCHATTENSEITEN DER SOZIALEN NETZWERKE

**Warum sind soziale Netzwerke im Web kostenlos?**
Sind sie das denn wirklich? Sicher, wir zahlen kein Geld,

aber trotzdem keinen geringeren Preis als den unserer Privatsphäre.

Über den Mangel an Datenschutz haben wir schon gesprochen. Es kommen aber noch ein paar weitere Minuspunkte hinzu.

*Die Anbieter bleiben intransparent:* Es wird eigentlich nirgends erklärt, was mit unseren Daten und Inhalten geschieht. Zwar heißt es immer wieder, die Daten würden verkauft werden und die Werbung wäre auf den Einzelnen ausgerichtet, aber wie das konkret geschieht oder wer diese Daten wozu erwirbt, bleibt im Unklaren.

*Der Begriff »Freundschaft« wird aufgeweicht:* In sozialen Netzwerken wird das *Wort* sehr inflationär eingesetzt. Ganz gleich, ob es echte Freunde, Bekannte, Fremde oder Firmen betrifft. Dabei sollten nicht nur Kinder und Jugendliche gut darüber nachdenken, was sie nur einem echten Freund anvertrauen würde und was einem Fremden.

*Kommerzielle Firmen nutzen uns als Werbeträger:* Wer Firmen folgt, folgt ihnen freiwillig. Vielleicht weil sich die Nutzer tatsächlich für Neuheiten aus deren Haus interessieren, vielleicht aber auch nur, weil sie mal ein Gewinnspiel dazu verlockt hat. Hinzu kommt, dass die Nutzer sehr willige Verbreiter sind, indem sie im Schneeballsystem Postings mit und ohne Kommentare an ihren viralen

Freundeskreis weiterleiten, was sie dann zu sogenannten Markenbotschaftern macht.

*Die späte Reue:* Kinder und Jugendliche können nicht wirklich einschätzen, welche Folgen ihre Selbstdarstellung später im Netz haben kann. Nicht selten wird die eigene Offenherzigkeit später bereut. Es ist kein Geheimnis, dass Personalchefs die Namen der Bewerber in Suchmaschinen eingeben.

*Tracking:* Werbung verfolgt die Nutzer aufgrund der eigenen Einträge oder auch, weil sie irgendwann auf einer anderen Onlineshop-Seite nach Schuhen oder einem neuen Fernseher gesucht haben. So wissen soziale Netzwerke durchaus, was Kinder, Jugendliche und Erwachsene auf anderen Seiten des Internets so machen.

*Influencer:* Außerdem sieht Werbung nicht immer nach Werbung aus, zum Beispiel wenn Instagram-Stars mehr oder weniger offensichtlich Markenprodukte platzieren. Einer aktuellen Umfrage zufolge halten ein Drittel der ab 14-Jährigen die Empfehlungen der Influencer für vertrauenswürdig, fast die Hälfte der 14- bis 29-Jährigen räumten ein, das Produkt auch gekauft zu haben.

*Die Kehrseite der Likes und Kommentare:* Likes und Kommentare sind auch Bewertungen, die nicht immer nur positiv sind. So gibt es auch fiese und bösartige Kommentare, Häme und Spott.

## Die Rolle der Fotos in sozialen Netzwerken

Seit der Einführung der digitalen Fotografie gibt es keinerlei quantitative Beschränkungen mehr. Wir kennen das aus eigener Erfahrung: Es wird geknipst und gefilmt, bis die Speicher der Smartphones und die Festplatten der Computer überquellen. Dann muss aufgeräumt, sortiert und auch gelöscht werden. Irgendwann mal. Leider geben wir auch hier ein fragwürdiges Vorbild ab, wenn wir im Restaurant unseren dampfenden Teller mit Spaghetti Vongole fotografieren, anstatt das Essen zu genießen. Inzwischen machen das die Jugendlichen auch nach. »Ich habe junge erwachsene Kinder«, erzählt Prof. Schulte-Markwort am UKE Hamburg. »Bevor die im Restaurant anfangen zu essen, machen sie ein Foto und teilen es bei Snapchat oder Instagram. Ich frage immer: ›Leute, wollt ihr wirklich wissen, was die anderen auf dem Teller haben?‹ Und meine Kinder sagen: ›Ja, wir machen das so untereinander, das gehört dazu.‹ Mein Sohn ist Mitte 20 und hat mir gerade noch mal erklärt, dass er etwa eine Stunde pro Tag damit verbringt. Da habe ich ihn gefragt, ob ihm das wirklich so viel wert ist. ›Ja‹, hat er gesagt, ›wir teilen das gerne schnell und niedrigschwellig.‹ Das ist wirklich ein anderer Zeitgeist. Ich bin fern davon, das einfach zu verurteilen, weil ich dieser Generation ebenso zugestehen möchte, die Dinge und die Welt selber zu gestalten, so wie ich das mal selbst in Anspruch genommen habe.«

# Fünf Gründe, warum Fotografieren für Kinder und Jugendliche so faszinierend ist

Eine altbekannte Weisheit lautet: Wer wissen will, wie Kinder und Jugendliche die Welt sehen, drückt ihnen eine Kamera oder ein Mobiltelefon mit eingebauter Kamera in die Hand.

1. *Das Smartphone ist immer dabei:* Weil Kinder und Jugendliche ihre Geräte ständig mit sich führen, können sie immer und überall damit fotografieren und filmen. Gelegenheit macht Fotos. Es ist die vermutlich am häufigsten genutzte Funktion. Außerdem machen es alle.

2. *Fotografieren mit dem Smartphone ist so einfach:* Vorbei sind die Zeiten, in denen sorgfältig gelernt und überlegt werden musste, was es mit Blende, Belichtung und Blitz auf sich hat. Entsperren, draufhalten, tippen – zack! – fertig! Die Kameras der heutigen Smartphones sind sehr gut und liefern hervorragende Aufnahmen.

3. *Das Smartphone leistet Bildbearbeitung:* Mit vielen kostenlosen Apps und wenigen Handgriffen lassen sich die Bilder rasch bearbeiten und mit Filtern aufpeppen.

4. *Das Smartphone ist ein rascher Multiplikator:* Mit den Apps für soziale Netzwerke oder Messenger-Dienste und der Internetverbindung steht einer raschen Verbreitung und den Likes nichts mehr im Weg.

5. *Das Smartphone fertigt Selbstporträts an:* und das am Fließband. Dies ist kein neues Phänomen. Schon vor dem Smartphone gab es überall in der Stadt Passfotoautomaten, die sich heute noch immer besonderer Beliebtheit erfreuen.

**Was ist eigentlich so toll an Selfies?**

Selfies sind nie »echt«, sondern immer Inszenierungen und immer auch ein bisschen eitel. Dabei können Kinder und Jugendliche sich und ihre Wirkung auf andere in den unterschiedlichsten Posen ausprobieren. »Das Selfie ist so etwas wie ein Gruß. Man winkt sich damit zu, so wie wir uns früher vielleicht mal zugewinkt haben«, sagt der Kinder- und Jugendpsychologe Michael Schult-Markwort. »Aber das Selbstwertgefühl ist immer auch mit dieser ununterbrochenen Selfiewelt gekoppelt, in der Kinder heute leben.« Und ergänzt: »Da tun mir unsere Kids heute sehr leid. Der Druck, schön, schlank und unbehaart zu sein – inzwischen auch bei den Jungs –, ist immens. Es geht immer mehr in Richtung des perfekt gestylten Körpers.«

**Die Jungen kommen cool rüber,
die Mädchen brezeln sich auf**

Auf den meisten Selfies und Fotos sehen Kinder und Jugendliche älter aus, als sie tatsächlich sind. Bereits 12-jährige Mädchen brezeln sich dermaßen auf, dass wir sie kaum von einer 20-Jährigen unterscheiden können. Warum machen die das?

Bitte ankreuzen:

☐ Um Anerkennung zu erhalten

☐ Weil sie den Schönheitswahn im Fernsehen und in der Werbung vorgelebt bekommen

☐ Um älter zu wirken

☐ Weil sie sich gerne stylen

☐ Weil sie jemand anderen darstellen wollen

☐ Weil das alle Gleichaltrigen machen

☐ Für eine Handvoll Likes

☐ Weil es Spaß macht

**Schließen Sie kurz die Augen – ein Test**

Es gibt einen ganz einfachen Trick, um die wahren Motive herauszufinden. Dazu müssen Sie nun einen kleinen und kurzen Selbstversuch machen. Schließen Sie für einen Moment die Augen und stellen Sie sich bitte kurz vor, wie Sie mit 12 oder 13 Jahren ausgesehen haben. Wollen Sie dahin zurück?

Natürlich nicht, weil es das absolute Niemandsland im Reifeprozess ist. Mädchen und Jungen in diesem Alter sind keine Kinder mehr, aber auch noch keine Jugendlichen. Darum ist ja das Internet der perfekte Aufenthaltsort. Dort fällt im Gegensatz zum realen Leben nicht auf, wer Kind und wer kein Kind ist. Auch fehlen dort diese verräterischen, alterstypischen Insignien: zu groß, zu klein, zu dick, zu dünn, mit Brille oder Zahnspange. Und haben wir uns nicht alle manchmal in der Kindheit würdelos, machtlos und hilflos gefühlt? Diese negativen Empfindungen lassen sich mit Hilfe des Internets aushebeln. Die Verführung ist so groß, dass Kinder die Risiken hinnehmen und nicht darüber nachdenken, was mit den Bildern im Netz geschieht.

## Fotos und Gefahren

### Sexting

Das Versenden von Nacktbildern wird Sexting genannt, ein Wortspiel aus Texting (englisch für SMS schreiben) und Sex. Während Erwachsene Sexting-Bilder machen, weil sie dabei einen prickelnden Reiz verspüren, haben Kinder und Jugendliche ganz andere Motive. In einigen Fällen verlangen Jungen solche Bilder von einem Mädchen als Liebes- oder Vertrauensbeweis. Nur landen diese Bilder nicht selten als Trophäe mit dem Namen des Mädchens und hämischen Kommentaren in sozialen Netzwerken. 2015 wurde in Berlin ein 13-Jähriger zu einer Geldstrafe von etwa 1000 Euro verurteilt, weil er von seiner Freundin Nacktbilder über die Kanäle sozialer Medien verteilt hatte. Nacktbilder sind tabu und mit deutlichen Worten zu verbieten.

### Cybermobbing

Mobbing ist der gezielte Versuch, einer Person zu schaden. Erwachsene kennen das aus dem Berufsleben, wenn etwa ein Kollege einen anderen systematisch schikaniert. Das kann ganz offen oder anonym geschehen. Mobbing im Internet wird Cybermobbing genannt, kann noch anonymer vonstattengehen und dabei eine deutlich größere Öffentlichkeit erreichen.

Im Zusammenhang mit Kindern und Jugendlichen kommt es beim Thema Cybermobbing allerdings zu einem großen Missverständnis. Sicherlich mag es auch da Fälle geben, in denen Jugendliche zum Beispiel einen Mitschüler aus reiner Bösartigkeit gezielt mit der Hilfe Neuer Medien quälen. Aber das ist meines Erachtens die Ausnahme. Die meisten Cybermobbing-Fälle bei Schülern haben einen ganz anderen Hintergrund: Eigentlich wollten sie nur jemandem einen Streich spielen. Nur verselbständigt sich dieser Streich durch die Macht des Internets und bekommt eine unglaubliche, lawinenartige Eigendynamik, die nicht mehr aufzuhalten oder zu kontrollieren ist.

Ein Beispiel: In Hessen haben drei Mädchen einer sechsten Klasse einer besonders dicken Lehrerin unter den Rock gefilmt und das Werk online gestellt. Als die betroffene Lehrerin davon erfuhr, bekam sie einen Nervenzusammenbruch und fiel für mehrere Monate aus. Diese üble Geschichte hatte ein berechtigtes Nachspiel: In der Schule wurde eine Konferenz einberufen, in der geklärt werden sollte, wann die drei Mädchen von der Schule verwiesen werden. Und es ist auch vollkommen richtig, diese Mädchen zur Verantwortung zu ziehen.

Ohne die Tat des Trios herunterspielen zu wollen, müssen wir uns diese Frage stellen: Hatten sich die drei Mädchen vorgenommen, der Lehrerin psychisch so zu schaden, dass sie nicht mehr unterrichten kann? Oder hatten sich die Mädchen eher gar nichts gedacht, sondern wollten ihr nur einen Streich spielen? Auch wenn der Lehrerin sehr übel mitgespielt wurde, finde ich es dennoch wichtig, über die Motive nachzudenken, damit es sich dann entsprechend auf das Strafmaß auswirkt.

### Was tun bei Cybermobbing?

*Melden:* Die meisten sozialen Netzwerke haben eine Meldefunktion bei Missbrauch. Das Dumme ist nur, dass sie nicht verlässlich ist. Trotzdem sollten wir Missbrauch melden. Es ist wie mit der Hühnersuppe bei Grippe – wenn es nicht hilft, kann es auch nicht schaden.

*Reden:* Es wäre naheliegend, die Person, die etwas Niederträchtiges gepostet hat, zu bitten, den Post wieder rauszunehmen. Sicher, ein Foto im Internet bleibt im Internet – so oder so. Aber es soll doch vermieden werden, dass es weiter und weiter geteilt wird. Kommt die Person dem Wunsch nicht nach, sollten die Eltern oder die Lehrer informiert werden. Das geht natürlich nur, wenn die Person auch bekannt ist. Bleibt die Person anonym, ist es schwieriger.

*Anzeigen:* Selbstredend sollten Eltern mit auf die Wache kommen. Denn Kinder und Jugendliche werden manchmal von Beamten nicht so Ernst genommen.

*Hilfe im Internet:*
www.jugendschutz.net
www.klicksafe.de
www.nummergegenkummer.de

# Technikverständnis: Kurze Frage zu ....

... WhatsApp

**Was ist WhatsApp?**

WhatsApp hat ursprünglich als Messenger-App begonnen, die dem gegenseitigen Nachrichtenaustausch diente. Im Laufe der wenigen Jahre kamen allerdings immer mehr Funktionen hinzu. Weil es die Kommunikation im nicht-digitalen Netzwerk auf perfekte Weise vereinfacht, wird die App für ein soziales Netzwerk gehalten. WhatsApp ist eine der meistgenutzten Apps und hat über eine Milliarde aktive Nutzer, davon ca. 30 Millionen allein in Deutschland.

**Was ist daran gut?**

In der Gruppenfunktion können Mitschüler oder die Familie in einem festgelegten Kreis auf einen Schlag erreicht werden. Das ist sehr praktisch, wenn es zum Beispiel um Absprachen oder Hausaufgaben geht.

**Was ist daran schlecht?**

WhatsApp ist unter datenschutzrechtlichen Aspekten höchst umstritten. Denn die App speichert sämtliche Namen und Adressen aus dem eigenen Telefonbuch auf einem eigenen Server.

**Womit bindet WhatsApp seine Nutzer?**

> Ständiger Kontakt mit Freunden, Familie und Schul-
   kameraden.
> In Gruppen große Datenflut.

> Klingelgeräusche, die alles unterbrechen.

> Angst, etwas zu verpassen.

> Verbleib in der Gemeinschaft.

> Häkchen können anzeigen, ob etwas gelesen wurde.

> Nutzung scheint völlig normal, alle nutzen es.

> Das Kind ist, wo die Freunde sind.

**Worauf müssen Eltern achten?**

> WhatsApp ist offiziell ab 13 Jahren, trotzdem erlauben viele Eltern bereits ihren jüngeren Kindern, diese App zu benutzen, um mit ihnen in Kontakt zu bleiben.

> In der Regel sind Kinder bei WhatsApp vor Fremden eher sicher, da fremde Menschen erst über die Nummer des Kindes verfügen müssten.

> Was die meisten Eltern kennen dürften: Gerade in größeren Gruppen wie Schulklassen kann im Sekundentakt eine Nachricht eintreffen. Das stresst. Das gilt auch für die Häkchen. WhatsApp zeigt an, ob jemand die Nachricht nur bekommen oder auch gelesen hat. Das führt zu großer Ungeduld, wenn jemand nicht sofort antwortet. Die Funktion lässt sich allerdings deaktivieren. Es empfiehlt sich auch, den Ton abschalten, weil der ebenfalls sehr nervt.

> Kinder bekommen schnell Streit – der dann bei WhatsApp richtig ausarten kann. Auseinandersetzungen und Probleme lassen sich nicht mit Sprach- und Textnachrichten lösen. Im Gegenteil. Die Stimmung heizt sich immer weiter auf. Konflikte können nur in einem persönlichen Gespräch gelöst werden.

**Gibt es Alternativen?**

Weil WhatsApp so umstritten ist, wechseln viele Leute zu alternativen Diensten wie Signal oder Threema, die auf Datenschutz achten. »Wenn ich finde«, schlägt Karin Knop von der Universität Mannheim vor, »dass bei WhatsApp der Datenschutz hochgradig problematisch ist, dann kann ich zum Beispiel in der Klasse oder im Freundeskreis herbeiführen, dass Threema oder Telegram verwendet werden. Damit stellen sich diese Datenschutzprobleme erst gar nicht. Wir haben ja graduell Einfluss darauf, welche Messenger genutzt werden.«

Und Anja aus Verden sagt: »Mein Mann besitzt eine IT-Firma. Wir haben bei einem Elternabend die anderen aufgeklärt und nutzen nun alle gemeinsam Threema. Das griff auch auf die anderen Klassen über, sodass immer mehr Eltern ein Bewusstsein dafür bekommen.«

Doch die meisten nutzen trotz aller Bedenken WhatsApp, weil es bequem ist und dort die meisten Freunde sind. Manchmal bleibt einem allerdings auch gar keine Wahl. Gregor studiert Medizin in Berlin. »Ich habe mich immer gegen WhatsApp gewehrt«, erklärt er. »Aber in meinem Studium wird es vorausgesetzt. Darüber laufen alle Informationen etwa zu Vorlesungen, und ohne wäre ich völlig aufgeschmissen.«

### ... Snapchat

**Was ist Snapchat?**

Snapchat stammt aus den USA ist ebenfalls ein Messenger mit etwa 160 Millionen Nutzern. Der Begriff geht dabei auf ein Wortspiel aus Snapshot (Schnappschuss) und Gespräch (Chat) zurück und wendet sich bewusst an eine deutlich jüngere Zielgruppe: Kinder, die damit an der Welt der sozialen Medien teilnehmen und dabei so sein dürfen, wie sie sind: kindisch. Dazu gehören täglich wechselnde Filter (»Lenses«) für Selfies, die Gesichter unter anderem in Piraten, Omas oder Zombies verwandeln. Und das trifft den Nerv der 8- bis 13-jährigen und zum Teil auch älterer Nutzer. Mit Snapchat kam aber noch etwas Neues: Neben der Funktion, sich im Chat zu unterhalten oder die Videotelefonie zu wählen, werden Mädchen und Jungen kreativ mit Fotos. »Wenn ich viel für die Schule mache«, sagt Sandro (14), »dann sagt ein Bild mit aufgeklappten Heften und Büchern mehr aus, als wenn ich schreibe ›lerne gerade‹.«

**Was ist daran gut?**
Vermutlich ist die Albernheit auch der Grund, warum Erwachsene keinen Zugang zu Snapchat finden und gleich wieder aussteigen. Prima, dann haben Kinder einen digitalen Spielplatz, der ihnen nicht durch permanente Anwesenheit von Erwachsenen verleidet wird. Das Besondere an Snapchat ist außerdem die Vergänglichkeit der Fotos oder Quatschbilder. Denn die verschwinden beim Empfänger wieder nach ein paar Sekunden. Der kann sie zwar noch einmal ansehen, aber das war's dann auch. Sobald jemand einen Screenshot (Bildschirmaufnahme) macht, erfährt das der Absender sofort. Darum macht das fast keiner. Niemand muss sich Sorgen wegen peinlicher Bilder machen. Aber:

**Was ist daran schlecht?**

Sich keine Sorgen zu machen ist ein Trugschluss, denn damit die Bilder übertragen werden, müssen sie ja auf irgendeinem Server gespeichert werden. Und sicher ist – wie bereits mehrfach erwähnt – gar nichts im Internet. Vor ein paar Jahren wurde Snapchat auch gehackt, und die Bilder von 200.000 Menschen trudelten durchs Netz. Außerdem gibt es Apps, die Screenshots machen, ohne dass der Urheber das mitbekommt. Kritisch ist auch die neue Funktion »Snap Map«. Damit können die Nutzer sehen, wo sich ihre Snapchat-Kontakte aufhalten. Das ist lustig, einigermaßen genau und überhaupt keine gute Idee. Denn wer will schon, dass Fremde die eigenen Kinder orten.

**Womit bindet Snapchat seine Nutzer ?**
> Hauptfaktor: Langeweile.
> Wenn andere einen »Snap« schicken.
> Nachrichten über Messengerfunktion.
> Praktisch täglich neue Filter.
> Magazinartige Angebote wie »Discovery«.
> Stars und Sportler sind hier ebenfalls aktiv.
> Neugier, wo andere sind.
> Lust am Blödsinn.
> Punkte zeigen den Aktivitätsgrad des Nutzers an, regt zu mehr Aktion an.

**Worauf müssen Eltern achten?**
> Nutzer müssen offiziell mindestens 13 Jahre alt sein.
> Fremde Menschen können Kinder kontaktieren.

> Kinder dafür sensibilisieren, keine Bilder mit zu viel Haut zu machen.

> Durch das Verschwinden der Bilder kann Snapchat zu Sexting-Bildern verlocken. Bitte kein Risiko eingehen.

> Snapchat hat eine feste Zielgruppe im Blick. Das ist besonders interessant für Werbekunden, die hier etwa mit dem magazinartigen Format »Discovery« ein weites Feld haben, um ihre Marken bei Kinder anzupreisen und Werbeblöcke zwischen Bildfolgen (»Storys«).

> Wegen der Ortung bei SnapMap den sogenannten »Ghostmodus« aktivieren, dann ist sie ausgeschaltet. Oder einfach grundsätzlich auf dem Smartphone die Standortbestimmung deaktivieren.

> Störenfriede können blockiert werden.

**Gibt es Alternativen?**
Nicht wirklich. Aber seitdem Snapchat das Kaufangebot von Facebook abgelehnt hat, macht Facebook Jagd auf Snapchat, indem Zuckerbergs Team die beliebtesten Funktionen von Snapchat frech kopiert und auf Instagram und WhatsApp einbaut. Der Effekt: Instagram wird immer beliebter, Snapchat stürzt gerade vom Thron.

**… Instagram**
**Was ist Instagram?**
Instagram hat als digitale Aushängegalerie für Fotos begonnen, die mit dem Smartphone gemacht werden. Diese Bilder werden vom Fotografen mit der Instagram-App bearbeitet und gepostet. Andere Instagramer können das

sehen, mit einem Herzchen bewerten und kommentieren. Je mehr Likes, desto besser. Damit auch viele Fremde die Bilder positiv bewerten, werden sie mit einem Schlüsselwort versehen, dem ein Gatter vorsteht: #Liebe wäre dann ein sogenannter Hashtag, den alle finden würden, die sich für Liebe interessieren. Ist das Konto auf »privat« gestellt, können nur diejenigen die Aufnahmen betrachten, die dem Fotografen »folgen«. Auch hier ist die Anzahl der Follower eine Währung für Erfolg und Anerkennung. Vor ein paar Jahren hat Facebook Instagram gekauft und die an sich einfach zu bedienende App zu einer komplexen Mischung aus Instagram, WhatsApp und Snapchat vermischt. Seitdem steigen die Nutzerzahlen kontinuierlich, die zur Zeit bei etwa 500 Millionen liegen. Instagram ist auch beliebt, weil hier nicht so viel geschrieben und gelesen werden muss wie etwa bei Facebook.

### Was ist daran gut?

Instagram ist eine App, die zu großer Kreativität herausfordern kann. Sie schult das fotografische Auge, etwa wenn Dinge des Alltags mit einem anderen Blick gesehen werden. Und natürlich macht es Spaß, wenn Freunde und fremde Follower mit Likes und Kommentaren Bestätigung geben. Kinder und Jugendliche schätzen Instagram auch deshalb, weil sie im Kreis ihrer Freunde die ersten Schritte der Selbstdarstellung üben.

### Was ist daran schlecht?

Auch bei Instagram weiß niemand so genau, was mit den

Bildern eigentlich passiert. In erster Linie ist aber der Kontakt zu Fremden bedenklich, die Kinder und Jugendliche über den Pfad der Schmeichelei in ein Gespräch verwickeln. »Ich habe meiner Tochter verboten, Fotos von sich ins Netz zu stellen«, erzählt Susanne, Mutter einer 12-jährigen Tochter. »Dann aber war sie bei einem Meet & Greet mit Instagramerin Bibi von »Bibis-Beautiy-Palace«. Als Bibi selbst das Fotos veröffentlichte, dachte meine Tochter, dann könnte sie das auch auf ihrem Account tun. Nur dauerte es dann gar nicht lange, dass jemand sie kontaktierte und sie relativ schnell bat, etwas von sich zu erzählen. Wörtlich: ›Es kann auch ruhig was Perverses sein.‹ Sie war geschockt.«

Die meisten Kinder werden vermutlich ihren Eltern nichts von solchen Begegnungen erzählen, aus Angst, dass ihre Eltern mit einem Instagram-Verbot reagieren.

Außerdem setzt Instagram vor allem Mädchen unter Druck, »schön« zu sein oder »schön« sein zu müssen. Je hübscher ihnen andere Mädchen vorkommen, desto hässlicher empfinden sie sich selbst. Auf einmal kann aus der harmlosen Bilderschau ein Konkurrenzding um Schönheit und Anerkennung werden. Besonders wenn andere in ihren Augen Traummaße haben und sie nicht. »Die vielen Selbstdarstellungen erzeugen einen ungeheuren Druck«, sagt der Psychologe Prof. Schulte-Markwort. »Besonders wenn 17-jährige Mädchen, die bereits Millionärinnen sind, in Blogs Kleidung halbnackt zu Markte tragen.«

**Womit bindet Instagram seine Nutzer?**
> Mittel gegen Langeweile.

> Ständig etwas los.
> Nicht endend wollender Strom an Bildern.
> Schauen, was die anderen machen oder posten.
> Jemanden gezielt und unbemerkt »stalken«.
> Der Wunsch nach Anerkennung für gepostete Bilder.
> Anzahl der Follower und Likes als Garant für Erfolg.
> Benachrichtigungen, wenn jemand das Bild liked.
> Der Wunsch, selbst eine Bilderreihenfolge (Story) zu posten.

**Worauf müssen Eltern achten?**
> Nutzer dieser App müssen offiziell 13 Jahre alt sein.
> Besonders bei jüngeren Kindern sollten wir überprüfen, ob die Einstellungen auf »privat« gesetzt sind.
> Sensibilisierung dafür, keine freizügigen Bilder zu teilen.
> Mit Kindern über das Thema Schönheit sprechen, damit sie sich nicht unter Druck setzen.
> Unangenehme Zeitgenossen können blockiert werden.
> Immer wieder Fotos zeigen lassen.
> Kindern auf Instagram nur nach gemeinsamer Absprache folgen.
> Fragen, ob wir ihre Bilder liken dürfen.
> Kinder nicht das Gefühl geben, dass wir sie kontrollieren.
> Kinder sollten besser keine Selfies posten, leider unrealistisch.

**Gibt es Alternativen?**
Nicht wirklich. Bei Snapchat »verschwinden« die Bilder, aber es gibt auch keine Likes.

### ... Facebook

**Was ist Facebook?**

Facebook ist mit zwei Milliarden Nutzern das größte soziale Netzwerk. Jeder kann sich hier in Wort, Bild und Videos mitteilen. Andere Teilnehmer liken, kommentieren oder teilen den Post. Seit sich immer mehr Erwachsene hier aufhalten, fühlen sich die Jugendlichen dort vertrieben. Denn sie wollen unter sich sein.

**Was ist daran gut?**

Facebook eignet sich sehr gut zur Selbstdarstellung, um über alle Lebensbereiche zu berichten.

**Was ist schlecht:**

Wer nicht mehr teilnimmt, wird ständig daran erinnert. Es ist möglich, sich wieder bei Facebook abzumelden, aber erstens ist das nicht ganz trivial und zweitens weiß keiner, ob ein gelöschtes Konto auch tatsächlich gelöscht ist. Facebook bleibt seinen Nutzern auch auf den Fersen, wenn sie auf ganz anderen Webseiten sind. Fremde können hier mit Kindern und Jugendlichen in Kontakt treten. Niemand weiß, was mit unseren Inhalten geschieht, und jeder kann sich mit fremdem oder unserem Namen anmelden und schlimme Dinge behaupten, die uns schaden. Geht natürlich auch bei anderen Netzwerken. Ausbleibende Likes sorgen für schlechte Laune: Bin ich jetzt unbeliebt?

**Womit bindet Facebook seine Nutzer?**

> Neugier, in der Welt der Postings ist immer etwas los.

> Meldungen in Form von Likes und Nachrichten oder Benachrichtigungen.
> Angst, etwas zu verpassen.
> Zugehörigkeit zur Community.
> Informationen über andere.
> Aktualität.
> Es werden ständig neue »Freunde« vorgeschlagen.
> Likes und Freundesanzahl – ein Messgrad der Beliebtheit und Anerkennung.

**Worauf müssen Eltern achten**
> Nutzer müssen offiziell mindestens 13 Jahre alt sein.
> Bei Facebook gibt es Klarnamenzwang.
> Fremde können mit Kindern in Kontakt treten.
> Bitte nicht zu viele Informationen von sich preisgeben.
> Kinder fragen, ob wir mit ihnen hier »befreundet« sein dürfen.
> Privatsphäre-Einstellungen ändern sich ständig und müssen kontrolliert werden.
> Einstellen: auch »Freunde« nicht auf »öffentlich«.
> Nicht jeder ist der, für den er oder sie sich ausgibt.
> Die Welt muss nicht alles erfahren.
> Keine Bilder mit wenig Kleidung.
> Keine Partyeinladungen über Facebook, sonst können deutlich mehr Gäste als erwartet kommen und die Feier gerät außer Kontrolle.

**Gibt es Alternativen?**
Diaspora, Hi5, So.cl, aber nicht wirklich.

## Technisches Verständnis und YouTube
### Was ist YouTube?

YouTube ist eine Videoplattform mit Clips, Spots und Filmen, die zu Google gehört. Der Unterschied zwischen Fernsehen und den Videos im Internet ist schnell erklärt: Beim Fernsehen entscheiden die Sender, wann sich der Zuschauer etwas ansehen kann. Im Internet entscheidet der Zuschauer alleine. Der größte Unterschied liegt aber darin, dass jeder auch eigene Filme und Videos online stellen kann. Damit hat YouTube dem klassischen Fernsehen etwas Innovatives und Wichtiges voraus. Täglich werden auf YouTube zwei Milliarden Videos angesehen, jede Minute ca. 300 Stunden online gestellt, wobei die Qualität der Inhalte sehr stark schwankt.

### Was ist daran gut?

Kinder und Jugendliche lieben YouTube, weil sie gezielt auf ihre Interessensgebiete zugreifen. Das können Cartoons, Filmschnipsel, die Weltmeisterschaft im Fingerskaten, aber auch die Erklärung von komplexen Matheaufgaben, die unter Umständen den Nachhilfelehrer ersetzen, sein. Auf der Suche nach Orientierung halten Jugendliche auch nach Vorbildern Ausschau. Der Weltruhm von Justin Bieber oder Lana del Rey hatte seinen Ursprung im Netz. Kinder finden daran besonders den demokratischen Gedanken faszinierend: Jeder kann es bei YouTube zum weltberühmten Star bringen. Folglich ist es kein Wunder, dass bereits viele 9- oder 10-Jährige als Berufswunsch »YouTube-Star« nennen. Jungs interessieren sich für berühmte Lets Player, die sich beim Spielen aktueller Games filmen und kommentieren. Mädchen schauen gerne Schminktipps von »BibisBeautyPalace«. Die ist mit 4,5 Millionen Abonnenten eine der erfolgreichsten deutschen YouTuberinnen. Dass Bibi nicht mal besonders witzig oder originell ist, stört nicht. Im Gegenteil: Gerade weil sie so normal ist, ist der Identifikationsgrad besonders stark: Ich muss keine hochbegabte Intelligenzbestie sein, um es zu schaffen. Darum machen schon junge Mädchen Bibi nach. Andere versuchen sich in Challenges (Herausforderungen), indem sie sich zum Beispiel dabei filmen, wie sie extrem scharfe Sachen essen.

### Was ist daran schlecht?

Es spricht ja nichts gegen Unterhaltung. Nur ist der Griff zu YouTube beim leisesten Anzeichen von Langeweile fast schon obligatorisch. Bei YouTube gibt es nicht nur schöne und witzige Dinge, sondern auch verstörende und für Kinder und Jugendliche ungeeignete Inhalte. Jugendschutz.net berichtet auch von Videos, die Essstörungen und Selbstverletzungen propagieren. Außerdem nervt die Werbung.

Bei eigenen Videos fallen oft die Rückmeldungen nicht wie gewünscht aus: Denn entweder reagiert gar niemand oder es hagelt böse Kommentare, die aggressiv, verletzend und verstörend sein können. YouTube-Stars wie die »Lochis« scheinen damit kein Problem zu haben. »Gemeine Kommentare«, verraten sie in *Dein Spiegel*, »gehören leider dazu, wenn man Videos postet. Aber wenn man damit umgehen muss, dann lernt man, auch später im Leben mit

Streit klarzukommen und auch mal nachzugeben.« Na ja, so richtig überzeugt dieses Argument nicht. Gerade bei sexuellen Themen können bestimmte Inhalte verstören.

**Womit YouTube seine Nutzer bindet**
> Jeder kann ein Star werden.
> Bekannte YouTuber liefern immer wieder neue Videos – Endlosschleife: Das nächste Video kommt bestimmt.
> Killt Langeweile.
> Bindung an Google bei Anmeldung.
> Abos sind kostenlos und informieren über neu eingestellte Videos.
> Zugang zu illegal hochgeladenen Filmen.
> Bei Fragen zu bestimmten Sachverhalten können Tutorials sehr anschaulich sein.
> Beliebter Helfer bei Verständnisfragen für die Schule.
> Zeigt Dinge, bei denen es peinlich wäre, jemanden zu fragen, zum Beispiel beim Thema Verhütung.

**Worauf müssen Eltern achten**
> Auch YouTube-Nutzer müssen offiziell mindestens 13 Jahre alt sein.
> Zeitliche Begrenzungen.
> Kindersicherung: Eingeschränkten Modus nutzen.
> Auf Alterseinstellungen achten.
> Mit Kindern über gute und schlechte Inhalte reden.
> Bildschirmzeit: Entweder Fernsehen schauen oder YouTube.
> Meldefunktion bei unangemessenen Inhalten.

> Schleichwerbung erklären.

> Absprache treffen, ob eigene Filme eingestellt werden dürfen.

> Kinder sensibilisieren, sich nicht unreflektiert darzustellen.

> Lieber nicht mit vollem Namen auftreten.

> Eigene Erklärvideos besser ohne Gesicht hochladen.

> Kommentarfunktion deaktivieren.

> Keine urheberrechtlich geschützten Inhalte einstellen.

**Alternativen**
Gerade bei jüngeren Kindern ist juki.de die bessere Alternative, hat aber deutlich weniger Teilnehmer.

**Technisches Verständnis und dann auch noch das**
**Younow** (deutsch sinngemäß: Jetzt bist *du* dran) ist eine Streamingplattform, die ab dem Alter von 13 Jahren genutzt werden darf. Dabei gehen verschiedene Teilnehmer live, um sich selbst oder ein Talent zu präsentieren. Andere dürfen Fragen stellen und Bewertungen abgeben. So gut die Idee sein mag, so ist sie für Kinder und Jugendliche nicht ratsam. Sich in Livestreams zu präsentieren verrät sehr viel über Kinder und ihren Wohnort. Fies: Kinder können hier an die falsche Person geraten, die sie mit rechter Propaganda oder Freikörperkultur konfrontiert. Schon bei »Chatroulette«, dem Zufalls-Streaming mit Fremden, wurden Kinder Augenzeugen nackter Körperteile und erigierter Penisse. Muss nicht sein. Allein darum sind Zufalls-Chats nicht zu empfehlen.

**Musical.ly:** Ist eine Mischung aus Videoprogramm, Playback-Show und sozialem Netzwerk mit 70 Millionen Teilnehmern. Die Nutzer müssen offiziell 13 Jahre alt sein. Kinder und Jugendliche bewegen die Lippen zu aktuellen Songs und filmen sich dabei. Nur wer sich mit Geschick, Kreativität und Cleverness einiges für einen guten Auftritt einfallen lässt und tolle Bearbeitungseffekte einsetzt, bekommt als sogenannter »Muser« ausreichend Likes und Follower, um sich eine feste Anhängerschaft zuzulegen. Die 14-jährigen Schwestern Lisa und Lena haben knapp 20 Millionen Follower. Warum die Musikindustrie nichts dagegen hat? Weil sie hier ganz nah an der Zielgruppe ist und die die neuen Songs ihrer Stars über diesen Kanal bekannt machen kann. Die Fans kurbeln freiwillig und kostenlos das Geschäft für sie an.

**Streamingdienste:** Heutzutage wird Musik nicht mehr gekauft, sondern gestreamt. Angebote dazu gibt es reichlich von Amazon bis Apple. Am erfolgreichsten ist Spotify. Hier gibt es einen kostenlosen Kanal, der wie beim Radio von Werbung unterbrochen wird. Man kann auch ein Abo abschließen, das ungestörten Musikgenuss garantiert. Dass Musiker durch Streamingdienste sehr schlecht bezahlt werden, stört kaum einen der Nutzer.

Auch Videostreamingdienste wie Netflix oder Amazon Prime erfreuen sich großer Beliebtheit. Doch diese Angebote können nur von Erwachsenen in Anspruch genommen werden, wenn sie einen Vertrag abschließen. Somit kommen automatisch viele Kinder in den Genuss der freien

Film- und Serienauswahl. Und finden möglicherweise kein Ende.

## 10 Punkte, die unser technisches und psychologisches Verständnis verbessern – und dazu beitragen, dass die Erziehung besser gelingt

### 1. Kneifen gilt nicht

Es könnte alles so schön sein, wenn alles bliebe, wie es ist. Aber erstens wäre es nicht schön und zweitens bleibt nichts, wie es ist. Eltern im Medienzeitalter dürfen nicht kneifen, wenn es neue Herausforderungen gibt. Im Gegenteil: Es sind die Mütter und Väter, die beim Einordnen helfen.

### 2. Rolle der sozialen Netzwerke verstehen

Soziale Medien dienen bei Kindern und Jugendlichen zum einen dazu, mit ihren Altersgenossen in Kontakt zu bleiben, zum anderen dazu, sich auszuprobieren und die eigene Attraktivität oder Beliebtheit auszuloten.

### 3. Bindungsfaktoren verstehen

Soziale Netzwerke oder auch Spiele haben Bindungsfaktoren. Sie zu kennen und mit Kindern zu erörtern hilft beim Aufstellen der Regeln. Denn manchmal kann der eine oder die andere einfach nicht anders: Das Kind kann nicht aufhören zu spielen, die Eltern nicht aufhören, das persönlich zu nehmen.

### 4. Anerkennung mit Hilfe der Medien

Kinder und Jugendliche benutzen Instagram & Co. auch, um Ankerkennung daraus zu ziehen. Ihnen ist dabei wichtig, was Gleichaltrige über sie denken. Das können Eltern bei aller Liebe nicht ersetzen.

### 5. Beziehung ist kompliziert

Gerade in jungen Jahren ist es mit den Beziehungen kompliziert. Mit Hilfe der Neuen Medien können sie andere nah an sich herangelassen und gleichzeitig auf Distanz gehalten werden. Hätten wir auch gemacht, wenn es zu unserer Zeit so etwas gegeben hätte.

### 6. Sorgen und Ängste verstehen

Gerade in der Pubertät kommen viele Kinder aus dem Tritt. Neben den neuronalen Neuverknüpfungen im Gehirn kommt es auch zu großer Unsicherheit und Ängsten, die das Selbstbewusstsein heftig ins Schwanken bringen können. Das ist nicht immer leicht auszuhalten. Für alle nicht.

### 7. Die Vorteile sehen, die Nachteile nicht verschweigen

Ist das Glas halbvoll, halbleer oder kaputt? Bei der Nutzung der sozialen Medien und beim Messenger können Kinder viele Dinge lernen und meistern. Dennoch ist das kein Grund, die Nachteile und Gefahren zu verschweigen. Auch hierzu müssen wir up to date sein und regelmäßig mit unseren Kindern darüber sprechen.

## 8. Sensibilisieren bei Fotos

Die Lust am Selfie und an der Selbstdarstellung braucht Grenzen. Fotos im Internet können von Fremden benutzt werden und sind auch nicht zu löschen. Bilder mit wenig Kleidung sind nicht ratsam. Unbekleidet schon gar nicht. Sexting thematisieren.

## 9. Bei Cybermobbing genau hinsehen

Bei Fällen von Cybermobbing bitte genau hinsehen, ob es sich um eine bösartige Tat handelt oder um einen Scherz oder Streich, der durch das Netz an Fahrt aufgenommen hat. Besser wäre es, wenn solche Dinge präventiv besprochen würden oder in der Schule besprochen würden.

## 10. Altersregelungen beachten

In der Regel sind die meisten Angebote offiziell ab 13 Jahren. Viele Kinder halten sich nicht daran und viele Eltern stört das nicht. Aber ist das ein Punkt, über den wir einfach so hinweggehen sollten? Diskutieren sollten wir dennoch mit unseren Kindern, warum Instagram & Co. offiziell ab 13 Jahren sind.

# KAPITEL 7

## Empowerment

*Gestalten statt konsumieren: Wie Eltern und Schule gemeinsam Kinder für einen bewussteren Umgang mit Smartphone & Co. stark machen*

**»Tatmord« oder wie das iPad in einem vermurksten Winterurlaub die Kreativität weckte**

Vor ein paar Jahren fehlte uns das wichtigste Utensil des Winterurlaubs: Es fiel kein Schnee im Bayrischen Wald. Der Fernseher der Ferienwohnung spuckte nur drei Sender aus und das WLAN funktionierte nicht. Irgendwann hatten wir sämtliche Register der möglichen Beschäftigung gezogen, und die Kinder drückten schließlich nur noch gelangweilt auf ihren Smartphones herum. Kurz: Es wurde höchste Zeit für einen belebenden und kreativen Input: Dabei bietet die App iMovie gerade Anfängern das recht simple Erstellen von reißerischen »Trailern« an, wie sie aus dem Kino bekannt sind. Das iPad fungiert gleichzeitig als Kamera, Schnitt- und Wiedergabegerät, gibt aber auch Regieanweisungen. Während iMovie für die entsprechende Spannung, Atmosphäre und Musik sorgt, werden die Kinder selbst zu den Hauptdarstellern. Eine passende Handlung hatte sich schnell gefunden, nachdem zuvor zufällig ein Glas mit Kirschsaft auf dem Boden zerscheppert war. Die rote Farbe auf den Scherben sah wie echtes Blut aus, und so drehten sie mitten im rustikalen Ambiente der Ferienwohnung den »Tatmord«-Trailer. Im Film selbst ging es um ein junges Mädchen, das auf rätselhafte Weise verschwunden war. Unheilvoll schimmerte in einer Nahaufnahme Blut auf einer Scherbe. Die Aufnahmen erstreckten sich über mehrere Stunden und machten ihnen unüberseh- und -hörbar großen Spaß. Durch den dramaturgischen Mantel von iMovie sah das Ergebnis am Ende beachtlich professionell aus. Am nächsten Tag hätte es sicher auch eine Fortsetzung mit neuen Trailern gegeben, aber die Kinder waren lieber nach draußen ins Freie gestürmt. Endlich hatte es angefangen zu schneien.

**Was soll Empowerment eigentlich sein?**
Bedauerlicherweise liefert die deutsche Sprache für den Anglizismus »Empowerment« keine passende Übersetzung, die die Bedeutung des Wortes so deutlich auf den Punkt bringt. »Empowerment« heißt im Sinne dieses Buches, Kinder und Jugendliche klug und umfassend in der Bedienung ihrer Mediengeräte stark zu machen, so dass sie beherzt und angstfrei damit umgehen können. Auch sollen sie sich im Notfall zu helfen wissen und selbst besser regulieren können.

Es gibt nur ein Problem: Sobald ihnen Erwachsene erklären wollen, was mit Smartphone geht und was nicht, schalten sie auf Durchzug. Neu ist das nicht. Schon immer haben Kinder auf Mahnungen und Warnungen ihrer Eltern mit gelassener Gleichgültigkeit reagiert. Als meine Mutter mich früher vor den gefährlichen Folgen von Alkohol und Drogen bewahren wollte, hatte ich nach dem zweiten Durchgang abgeschaltet. In der Jugend gibt es ja eine fast schon bewundernswerte Resistenz gegen Ratschläge, besonders wenn sie gut gemeint sind, und eine erstaunliche, durch nichts wirklich begründete Sicherheit, dass einem schon nichts passiert.

Alkohol und Drogen lassen sich allerdings nur sehr bedingt mit dem übertriebenen Gebrauch des Smartphones vergleichen. Zwar sind diese Geräte auch nicht ungefährlich, haben aber im Gegensatz zu Schnaps und Joints einen tatsächlichen, unleugbaren Nutzen. Das ist in Sachen Medienerziehung ein Riesenvorteil. Denn gerade weil sie sinnvoll und nicht tabuisiert oder verboten sind, können wir Kinder und Jugendliche doch viel besser für die Chancen und Gefahren sensibilisieren.

**Wie können wir Kinder für die Chancen und Gefahren im Umgang mit dem Smartphone sensibilisieren?**
Die Antwort lautet: indem wir Kinder und Jugendliche von der passiven Konsumentenrolle befreien und ihnen damit das aktive Gestalten zeigen. Im Computerspielbereich war es ja früher so, dass Kinder, die überwiegend mit Ballerspielen zugange waren, oft gar keine anderen Spiele kannten. So ähnlich verhält es sich auch mit dem Smartphone. Stundenlang spielen Kinder »Clash Royale«, stundenlang blättern Jugendliche auf Instagram herum oder schauen

stundenlang Filme der Streamingportale. Tatsächlich gibt es aber mit den richtigen Ideen und den passenden Apps weitaus interessantere Möglichkeiten. Das bereichert Kinder nicht nur in ihrer Kreativität, sondern erweitert auch ihren Kompetenzhorizont beträchtlich, wenn sie etwa eigene Fotoromane, Filme oder E-Books erstellen. Und es gibt noch einen Vorteil: In einem solchen positiven Zusammenhang ist es viel einfacher, über so stinklangweilige Dinge wie »Persönlichkeitsrecht«, »Recht am eigenen Bild« oder »Urheberrecht« zu sprechen, weil Kinder wissen, dass sie danach gleich etwas Konkretes umsetzen dürfen, bereits erste Ideen durch den Kopf flirren und es ihnen in den Fingern juckt.

**Wer soll das vermitteln?**

Wir fangen einfach bei uns selbst an. Also sämtliche Menschen, die mit der Erziehung der Kinder betraut sind. Dazu gibt es eine beachtliche Anzahl kreativer und intelligent gemachter Apps (Seite 241), die allen Beteiligten großen Spaß für wenig Geld bringen.

Schon im Kindergarten können erste Medienprojekte gestartet werden. Das Buch *Frühe Medienbildung*, herausgegeben von Prof. Wassilios Fthenakis und Annette Schmitt, bietet eine immer noch aktuelle Fülle an Projektideen und Anleitungen. Auch die Schule (Seiten 233 ff.) kann einen beträchtlichen Teil der Medienbildung übernehmen, ohne dass der technische Einsatz von Smartphones und Tablets gleich den Unterricht und die Autorität des Lehrers sprengt oder von der Vermittlung des Lernpensums ablenkt. Es gibt jedoch noch einen Lernort, der oft in der medialen Bildungsdebatte unterschätzt oder komplett vergessen wird: Und das ist die öffentliche Bibliothek.

## Öffentliche Bibliotheken sind der wichtigste Bildungspartner

Wann immer es innovative technische Neuerungen gibt, sind viele Bibliotheken ganz vorne dabei, und das nicht nur in Großstädten. Bibliotheken sind deutlich schneller als die Schulen und bieten mit Räumen, Medien und Technik die entsprechende Infrastruktur. Bereits seit 2007 gibt es die Möglichkeit, sich Bücher, Hörspiele und Filme aus der Bibliothek bequem von zu Hause in der »Onleihe« auf PC, Tablet oder Smartphone herunterzuladen. Alles, was dazu benötigt wird, ist ein gültiger Bibliotheksausweis. In Bibliotheken gibt es zudem Spielkonsolen, E-Books, Tablets, WLAN und zum Teil sogar Projekte mit 3-D-Druckern, Kurse zur Musikproduktion oder zum Thema Bloggen. In manchen Bibliotheken können sogar E-Gitarren ausprobiert werden. Warum ist das so bemerkenswert?

## Bibliotheken sind demokratisch

Von allen Bildungshäusern halten Bibliotheken das Schild des Demokratiegedankens besonders hoch. Jeder Mensch darf Bibliotheken nutzen – unabhängig von Herkunft, Hautfarbe oder finanzieller Situation. In der aktuellen Integrationsarbeit von Flüchtlingen zählen Bibliotheken heute zu den wichtigsten, effektivsten und vor allem engagiertesten Bildungspartnern. Hier lernen und spielen seit Jahrzehnten Kinder und Jugendliche mit Medien und Technik, die sie oder ihre Eltern sich gar nicht leisten können. Schulbibliotheken haben dabei eine besonders große Schlüsselposition inne, da sie noch die Brücke zur Schule spannen und für das zielgerichtete Lernen stehen.

Doch neben den zahlreichen und stetig zunehmenden Aufgaben, die Bibliotheken heute bei schwindendem Etat zu bewältigen haben, fördert keine andere Institution so sehr die Lesefähigkeit.

Darum finden in Bibliotheken auch sehr viele Aktivitäten im Rahmen von »Lesen macht stark« statt, eine vom Bildungsministerium unterstütze Initiative. Dort gibt es regelmäßige Angebote, die sich elektronische Medien und die Förderung des Lesens für Kinder zwischen 3 und 18 Jahren zum Ziel gesetzt haben. »Idee von ›Lesen macht stark‹ ist es«, sagt Kathrin Hartmann, stellvertretende Geschäftsführerin des Deutschen Bibliothekverbands e. V. (dbv), »Leseförderung mit digitalen Medien zu erweitern und die Kinder und Jugendlichen zu deren kreativer Nutzung anzuregen. Sie lesen Geschichten und drehen dazu Filme, schreiben eigene Texte und veröffentlichen sie im Netz, erarbeiten Hörspiele, entwerfen Fotostorys oder erstellen Booktrailer zu ihren Lieblingsbüchern mit selbstgebastelten Kulissen. Dadurch erfahren sie, dass sie selbst Dinge gestalten und Ideen umsetzen können, lernen die Bibliothek als Ort für sich kennen und gewinnen darüber auch Freude am Lesen.«

Wenn wir in unserer Erziehungsarbeit die öffentlichen

Bibliotheken als offene und engagierte Partner mitdenken und einplanen, könnten sehr gute Dinge entstehen.

Nur: Was ist eigentlich mit der Schule los?

## Was ist mit der Schule?

### Schule ist ambivalent, ich auch

Was die Schule angeht, habe ich im Zusammenhang mit Smartphones und Tablets ambivalente Gefühle. Ein Teil von mir findet das Handyverbot an Schulen gar nicht so übel. Denn vielleicht ist die Schule der letzte Ort, an dem Kinder noch »off« sind. Doch ein anderer Teil in mir schüttelt diesen Gedanken gleich wieder ab. Der Umgang mit Internet & Co. gehört zu den neuen Kulturtechniken, die nicht ignoriert, sondern erlernt werden müssen.

Sie sind ein unverzichtbarer, nicht verhandelbarer Baustein der Lernwelt. Das kann sogar schon bei Grundschülern losgehen. »Je früher wir anfangen«, erklärt Claudia Bogedan im *Spiegel*, »ihnen zu vermitteln, wie man selbstbestimmt damit umgeht, desto besser.« Die ehemalige Präsidentin der Kultusministerkonferenz und Bildungssenatorin der Stadt Bremen warnt: »Sonst eignen sie sich Falsches an, was man mühevoll abtrainieren muss. Deshalb finde ich, dass digitale Medien auch in der Grundschule dazugehören.«

Eine gänzlich andere Meinung vertritt Josef Kraus, der von 1987 bis 2017 Präsident des Deutschen Lehrerverbandes war und die Digitalisierung der Schule seit Jahren vehement kritisiert. Am 20.6.2017 schrieb er in einem Kommentar im *Weserkurier*: »Smartphones haben in der Schule nichts zu suchen.« Der ehemalige Direktor eines bayrischen Gymnasiums beschreibt das in der Zeitung so: »Es ist ein Irrglaube zu meinen, Unterricht würde mit Smartphones mehr Lernmotivation bringen. Nein, Unterricht verkäme damit noch mehr zum Edutainment. Smartphone und Laptop verführen vor allem dazu, dass sich die jungen Leute nur noch Info-Häppchen holen.«

Kraus ist sicherlich ein intelligenter Mensch, hier aber unterliegt er einem alten, gerne gepflegten Missverständnis. Es geht doch überhaupt nicht darum, die Motivation zu steigern oder bessere Noten und Leistungen durch digitale Medien zu erreichen. Dieser Gedanke der gesteigerten Effizienz des Lernens ist womöglich noch den Versprechen der Lernsoftware-Industrie geschuldet, aber trotzdem komplett falsch. Es hat ja auch niemand gesagt, dass mit einem Rechenschieber oder einem Taschenrechner die Noten besser werden. Sie sind Werkzeuge.

Neue Medien in der Schule sind eine Kulturtechnik. Ihre Bedienung muss erlernt werden. Dazu sollte natürlich auch der Vorwurf der Info-Häppchen diskutiert werden. Sicherlich ist seit Jahren eine signifikante Abnahme bei der Vertiefung in Texte nicht nur bei Schülern, sondern auch bei Erwachsenen zu erkennen. Wäre es dann nicht notwendig, dass die Schule diese Balance zwischen Häppchen und Abtauchen zusammen mit den Schülern bespricht und neu auslotet?

## Smartphone nein, WhatsApp-Gruppe ja?

Bislang zeigt sich die Schule sehr widersprüchlich. In den meisten Schulen sind Handys und Smartphones verboten. Das heißt, die Nutzung wird untersagt, das reine Mitführen nicht, da sonst die Eltern auf die Barrikaden steigen würden. Schließlich wollen sie von ihren Kindern informiert werden, wenn die Schule früher zu Ende ist oder sich ein Notfall ereignet. Wird ein Kind auf dem Schulhof damit erwischt, gibt es unterschiedliche Sanktionen. In den meisten Fällen wird das Gerät einkassiert und ins Sekretariat gebracht. In manchen Schulen kann es dann nur mit den Eltern gemeinsam abgeholt werden. Diese Form der Erniedrigung von Kind und Eltern ist nicht in Ordnung. Meiner Meinung nach ist dieses pauschale, von oben verordnete Verbot eine pädagogische Bankrotterklärung.

Denn auf der anderen Seite setzen Lehrkräfte stillschweigend voraus, dass Schulklassen eine WhatsApp-Gruppe gründen, um sich untereinander zu informieren und abzusprechen. Da dies ohne pädagogische Begleitung erfolgt, passiert genau das, was immer geschieht, wenn wir Kinder mit neuen Technologien allein lassen: Es geht schief!

Um zwei Uhr nachts trudeln endlos Nachrichten ein, es kommt zu üblen Kränkungen und Beleidigungen, Lügen und auch zur Verbreitung fieser Fotos. Je jünger die Nutzer, desto mehr sind sie außer Rand und Band. Die Reaktion der Erwachsenen nach solchen Auswüchsen folgt auf dem Fuß: In einem hektisch einberufenen Elternabend einigen sich alle Beteiligten auf ein noch drastischeres Handyverbot an der Schule. Verbote lösen aber keine Probleme.

**Erlauben statt verbieten – eine Schule wagt es**

Diesen Ansatz hat das freie Gymnasium in Gröningen in Sachsen-Anhalt gewählt. Die Schule erlaubt Smartphones während des Unterrichts, verbietet aber den Umgang damit in den Pausen. Klingt erst mal verrückt, ist aber sehr überzeugend. Der Schulleiter heißt Thomas Scholz.

*Warum soll man Smartphone im Unterricht erlauben?*
Scholz: »So zu tun, als ob es das nicht gibt, ist Quatsch. Zu Hause verwenden die Schüler das Smartphone doch auch zur Informationsbeschaffung – Stichwort Google. Aus diesem Grund habe ich den Vorschlag gemacht, das Smartphone im Unterricht an geeigneten Stellen zu verwenden.«

*Können Sie Beispiele nennen?*
Scholz: »Bei Fragen nach unbekannten Begriffen dürfen Schüler im Unterricht googlen, nicht in Arbeiten. Sie dürfen Vokabeln suchen. Es gibt sehr viele Apps für den naturwissenschaftlichen Unterricht, die erlaubt sind. Der Alltag zeigt auch, dass in einer Unterrichtsstunde nach Diskussionen manchmal keine Zeit mehr bleibt, um die Aufgabenstellungen für eine Hausaufgabe oder Tafelbilder abzuschreiben. Hier lasse ich auch zu, Fotos zu machen. Bei der Gruppenarbeit dürfen die Schüler sich gegenseitig aufnehmen, zum Beispiel bei Dialogen oder Interpretationen, um die Aufnahmen anschließend auszuwerten.«

*Werden dabei Schüler nicht benachteiligt?*
Scholz: »Wichtig bei all diesen Möglichkeiten: Die Anwendung beruht auf Freiwilligkeit und ist kein Zwang. Wer die Nutzung nicht möchte oder nicht kann, wird nicht benachteiligt. Daraus ergibt sich auch der Haftungsausschluss für die Schule, denn für Schäden oder Verlust haftet der Schüler.«

*Warum verbieten Sie das Smartphone in den Pausen?*
Scholz: »Hier steht für uns die soziale Komponente im Vordergrund. Die Schüler sollen miteinander sprechen und spielen. Dazu gibt es in den großen Pausen auf dem Gelände genug Möglichkeiten. Außerdem ist das Elternwille, dem ich sehr gerne nachkomme. Es ist schön, die Kinder und Jugendlichen auf dem Hof spielen und völlig technikfrei kommunizieren zu sehen.«

*Kommt es auch zu Problemen?*
Scholz: »Das Handy muss im Unterricht sichtbar auf dem Tisch liegen. Es darf nur mit Erlaubnis der Lehrer verwendet werden. Es muss sonst aus sein. Trotzdem kommt es vor, dass der Unterricht durch Klingeln gestört wird. Auch besteht die Gefahr von Mitschnitten, die nicht erwünscht sind. Hier muss man mit den Schülern und Eltern ständig im Gespräch bleiben und auf die Folgen und Konsequenzen hinweisen. Bisher haben wir keine groben Verstöße gehabt. Stört jedoch ein Handy im Unterricht oder wird es unerlaubt genutzt, ziehen wir es vom Schüler ein und die Eltern können es im Sekretariat abholen. Die erzieherische

Wirkung ist auf alle Fälle gegeben. Diese beschriebenen Regelungen sind in der Hausordnung festgelegt.«

*Aber es werden ja nicht alle Verstöße bemerkt …*
Scholz: »Ich bin mir dessen bewusst, dass es Verstöße gibt, die unentdeckt bleiben. Das liegt in der Natur der Sache und es gab sie früher auf anderen Ebenen genauso. Das ist menschlich.

Wir sind eine kleine Schule. Da ist alles noch recht überschaubar.«

**Und die Schülerseite? Wie kann der Einsatz des Smartphones in der Schule gelingen?**
Zunächst einmal, indem es eine Smartphone-Schulordnung gibt, die *gemeinsam* mit Schülern entwickelt wird. Bereits im Vorfeld dazu gibt es viel Diskussionsstoff:

> Gemeinsam klären, wozu der Einsatz des Smartphones im Unterricht überhaupt gut sein kann.
> Ist der Einsatz wirklich ein notwendiges Mittel?
> Was spricht dagegen?
> Was soll damit erlaubt sein?
> Was soll verboten sein?
> Welche Maßnahmen gibt es bei Verstößen?
> Welche Meinung hat welcher Lehrer?
> Sollen die Klassensprecher die Verantwortung haben?
> Wäre die Wahl eines digitalen Klassensprechers besser?
> Mit Probezeit? Wie lange soll die Probezeit gehen?
> Praxistest: Sollen nach vier Wochen die Regeln der Realität angepasst und neu justiert werden?

> Wie sollen die Regeln festgehalten werden? Schriftlich? Online? Für alle sichtbar?

> Einsatz der Medien denkbar, um die Regeln umzusetzen?

Es wäre gut möglich, dass sich die Schüler am Ende für ein Smartphone-Verbot aussprechen. Aber wenn das aus eigener Erkenntnis geschieht, hat es eine andere Wirkung als ein blind von oben ausgesprochenes Verbot. Ähnliches gilt für WhatsApp-Gruppen und vergleichbare Dienste.

Tipp: In manchen Schulen gibt es WhatsApp-Paten. Zwei Siebtklässler passen auf die WhatsApp-Gruppe der Fünftklässler auf und fühlen sich verantwortlich für die Regeln, Herausforderungen und Probleme der Gruppe. Eine tolle Idee.

**Weitere Tipps**

So lange es keine einheitlichen Konzepte gibt, lohnt es sich, Anregungen in medienpädagogischen Gruppen in sozialen Netzwerken zu suchen. Außerdem können auch hier bei bestimmten Fächern und Themen die Schüler befragt werden, wie sich verschiedene Funktionen wie Kamera, Kalender, Diktat-App oder Chatfunktionen nützlich anwenden lassen. Schon heute nutzen einige Lehrer Apps, um den Physik- oder Chemie-Unterricht abwechslungsreich zu gestalten. Und Schüler nutzen YouTube nicht nur für Musik-Clips, sondern auch, um sich schwierige Sachverhalte in Ruhe erklären zu lassen, ohne dass 25 andere zusehen.

Gute Anregungen bietet dazu die Bundeszentrale für gesundheitliche Aufklärung (BZgA).

**Für Lehrer, Erzieher und Eltern**
http://www.multiplikatoren.ins-netz-gehen.de

**Für Schüler**
http://www.ins-netz-gehen.de
Außerdem gut: https://www.juuuport.de

**Gestalten statt Konsumieren**

Nirgends tritt der Gedanke des Empowerments so stark und konkret hervor wie beim Gestalten, denn es verändert den Blickwinkel. Wer zum Beispiel mit iMovie einen eigenen Film gedreht hat, wird in Zukunft Filme mit anderen Augen ansehen. Und wer sich die Mühe gemacht hat, eine eigene Geschichte zu schreiben und zu gestalten, wird danach Bücher auf andere Weise lesen. Schließlich klappt ja bei der Entstehung nicht alles auf Anhieb. Immer wieder muss probiert, verändert oder getestet werden, was oft mit großer Mühe, Geduld und auch Qualen einhergehen kann. Das prägt aber Kinder und Jugendliche noch auf eine andere Weise: Sie lernen, bei ähnlichen Produkten »dahinter«, auf die Konstruktion zu schauen: Wurden bestimmte Dinge gut oder schlecht gelöst? Die Kinder werden so kompetenter, aufmerksamer, selbstbestimmter und weniger leichtgläubig, was sie vor diversen – in diesem Buch beschriebenen – Gefahren schützt. Darum ist das Gestalten ein so wichtiges Erziehungsmittel, zumal es mit Smartphone und Tablets viel einfacher umzusetzen ist als mit einem Computer. Auf den folgenden Seiten folgt eine Auswahl empfehlenswerter Apps.

## Sieben gute Apps zum Gestalten

### *Das eigene E-Book: Book Creator*

**Wie funktioniert die App?**
Nach dem Start mit »Book Creator« (iOS, Android, Red Jumper, ca. 5 Euro[1]) legen Kinder erst das Format fest und dann einfach drauflos. Sie schreiben einen Text oder eine Geschichte, wobei sie wie bei Word Schriften, Größen und Farben verändern dürfen. Darüber hinaus lassen sich auch Zeichnungen oder Fotos integrieren, oder es werden mit Hilfe der Kamerafunktion sofort neue Bilder gemacht. Es ist auch möglich, Videos und Töne einzubinden oder mit dem Finger auf dem Display zu zeichnen.

**Besondere Kennzeichen**
Unglaublich einfache und intuitive Bedienung. Mit Hilfe eines Erwachsenen lässt sich das Ergebnis auch in einem der Stores hochladen und verkaufen. Exportmöglichkeit als PDF oder ePub.

---

1 Achtung: Preise und Verfügbarkeit in den Stores können sich ständig ändern.

**Ab wie viel Jahren ist »Book Creator« geeignet?**

Bereits ab der dritten Klasse. Die Professionalität der Ergebnisse steigt mit zunehmenden Alter. Darum haben auch Kinder mit 12 Jahren und älter noch große Freude daran.

**Denkbarer Einsatz**

Privat: um eigene Geschichten zu erzählen und sie in ein E-Book-Format zu packen. In seiner amerikanischen Heimat wird der »Book Creator« sehr erfolgreich in Schulen eingesetzt.

## Der eigene Fotoroman: Comic Life 3

**Wie funktioniert die App?**

Die Kinder wählen aus dem Angebot von »Comic Life 3« (iOS, Plasq, ca. 5 Euro) eine der bunten, stylishen oder nüchternen Vorlagen aus und greifen dann auf die Bilddatenbank des Geräts zu, um Fotos zu implementieren. Kinder können sich genau überlegen, welche Fotos sie für ihre Geschichte benötigen. Auch eine sofort durchgeführte Fotosession ist möglich. Als harmlose Protagonisten können aber auch Haustiere oder Playmobilfiguren herhalten. Mit wenigen Handgriffen kommen dann Erzählkästen, Sprech- und Gedankenblasen hinzu.

**Besondere Kennzeichen**

Die Ergebnisse sehen immer sehr gut aus. Selbsterklärende Bedienung. Veröffentlichung als PDF und im ePub-Format. Für Android ist »Comic Strip It« ganz ähnlich.

**Ab wie viel Jahren ist »Comic Life 3« geeignet?**

Bereits ab der dritten Klasse. Aber auch mit 12 Jahren und älter bleibt die Fotoroman-Gestaltung alles andere als langweilig.

**Denkbarer Einsatz**

Privat lassen sich damit wunderbare Fotoromane erzählen. Vorhandene Bilder vom letzten Geburtstag erhalten ein witziges Gewand und wären mit einem Rahmen versehen ein hervorragendes Geschenk für die Großeltern. In der Schule haben Kinder die Möglichkeit, ihren Aufsatz auch mal unkonventionell abzugeben. Natürlich nach Absprache mit der Lehrkraft.

### Der eigene Trickfilmbaukasten: Puppet Pals

**Wie funktioniert die App?**

In »Puppet Pals« (iOS, Polished Play, kostenlos, In-App-käufe) wird eine Geschichte als Film aufgezeichnet, wobei sich die Helden und Gegenstände als minimalistische Animation hin- und herbewegen lassen. Dazu nehmen sich Kinder auf, wie sie mit verstellten Stimmen die eigenen Texte vertonen.

**Besondere Kennzeichen**

Englisch, aber trotzdem intuitiv bedienbar. Schon die kostenlose Version bietet viele Möglichkeiten. Lässt sich als Video abspeichern, das per Mail oder MMS weiterverschickt oder bei YouTube hochgeladen werden kann.

**Ab wie viel Jahren ist »Puppet Pals« geeignet?**
Ab 5 Jahren, aber auch ältere Kinder bis 12 Jahre haben ihren Spaß daran.

**Denkbarer Einsatz**
Zum eigenen Vergnügen zu Hause. In der Schule können damit mit bestimmten Vorgaben feste Themen szenisch dargestellt werden.

*Die eigene Oper gestalten: Opera Maker*

**Wie funktioniert die App?**
Mit dem »Opera Maker« (iOS, Android, Interactive Media Foundation, gratis) lernen Kinder zunächst mal die Opern »Hänsel & Gretel«, »Die Zauberflöte« und »Wilhelm Tell« kennen. Anschließend legen sie im Casting fest, wie die Helden auszusehen haben. Dazu stehen nicht nur Kostüme zu Verfügung, auch ein Foto des eigenen Gesichtes kann in die Köpfe der Protagonisten geladen werden.

**Besondere Kennzeichen**
Tolle Mischung aus Oper und Baukasten. Gibts auch als Webversion. Eigene Opern werden auf dem Tablet gespeichert, Videos lassen sich exportieren.

**Ab wie viel Jahren ist »Opera Maker« geeignet?**
Ab 6 Jahren bis ca. 12 Jahre.

**Denkbarer Einsatz**

Daheim einfach zum Spaß oder um jemand mit dem eigenen Opernvideo eine Freude zu machen.

### *Das eigene Filmschnitt- und Trailerprogramm: iMovie*

**Wie funktioniert die App?**

Apples »iMovie« (iOS, Apple, kostenlos zur Zeit) ist – wie bereits am Anfang des Kapitels erwähnt – ein seit Jahren begehrtes und professionelles Filmschnittprogramm, das ein wenig Einarbeitungszeit braucht. Der Höhepunkt ist aber die Trailerfunktion. Ob Krimi, Liebesfilm, Abenteuer oder Bollywood, das Ergebnis ist immer sehr sehenswert.

**Besondere Kennzeichen**

Trailerfunktion macht einfach einen Riesenspaß. Gegenwärtig kostenlos. Filme können exportiert werden.

**Ab wie viel Jahren ist »iMovie« geeignet?**

Ab 8 Jahren bis junge Erwachsene.

**Denkbarer Einsatz**

Gefilmt wird immer. Mit »iMovie« können witzige und spannende Trailer gedreht werden, die zum Beispiel Impressionen aus dem letzten Urlaub oder vom Geburtstag in einem atmosphärisch dichten Licht erscheinen lassen.

*Der eigene Musikkompostionsbaukasten: Toc & Roll*

### Wie funktioniert die App?

»Toc & Roll« (iOS, Android, Minimusica, ca. 2 Euro) ist ein Musikprogramm mit Klangbausteinen zu Bass, Klavier, Gitarre, Flöte und vielem mehr. Zu jedem einzelnen Instrument gibt es eine Vielzahl von Klängen. Die Ergebnisse klingen immer super. Und wer will, kann auch einen Text schreiben, ihn singen und sich aufnehmen.

### Besondere Kennzeichen

Sehr selbsterklärend. Export nur über YouTube.

### Ab wie viel Jahren ist »Toc& Roll« geeignet?

Ab 5 Jahren bis 12 Jahre und etwas älter.

### Denkbarer Einsatz

Wer Lust auf Musik hat, kann damit erste Kompositionserfahrungen machen. Und damit keine Missverständnisse aufkommen: Das solle das Erlernen von echten Instrumenten weder vorgaukeln noch ersetzen.

*Die eigene Stadt entdecken: #Stadtsache*

### Wie funktioniert die App?

Die App »#Stadtsache« (iOS, Android, Stadtsache, kostenlos) möchte, dass Kinder ihre eigene Stadt besser kennenlernen. Mit dem Smartphone ziehen sie durch die Straßen und fotografieren Gegenstände des Alltags, die mit Phantasie irgendwie anders aussehen. Mit Hilfe einer Karte verzeichnen sie sehenswerte Orte, damit auch andere sie entdecken.

**Besondere Kennzeichen**
Kostenlos. Hinter der App steht auch die absolut lobenswerte Idee, Stadtplaner dafür zu sensibilisieren, wie sie ihre Stadt sehen.

**Ab wie viel Jahren ist »#Stadtsache« geeignet?**
Ab 8 Jahren bis 15 Jahre und älter.

**Denkbarer Einsatz**
Zusammen mit seinen Kindern die Stadt mit anderen Augen sehen, hat durchaus großen Reiz. Aber auch in der Schule sind damit Themen wie Stadt, Gentrifizierung, Verkehrschaos und vieles mehr möglich.

*Fünf weitere tolle Apps in Kürze*

**Augmented Reality: Aurasma**
Mit dieser App experimentieren Kinder mit Augmented Reality (erweiterte Realität). Zum Beispiel liegt ein Buch auf dem Tisch. Wird darüber ein Tablet oder Smartphone gehalten, erwacht das Buch auf dem Bildschirm mit Animationen zum Leben.

iOS, Android, Aurasma, kostenlos

**Trickfilm: iStopMotion**
Stop-Motion-Filme sind Trickfilme, jede minimale Ver-

änderung wird Bild für Bild fotografiert und am Ende als Video abgespielt.

iOS, Boinx Software, ca. 11 Euro

## Schnitzeljagd: Actionbound

Die klassische Schnitzeljagd wird digital zum Medienprojekt, das sowohl privat als auch in der Schule eingesetzt wird.

iOS, Android, Actionbound, kostenlos

## Tier und Pflanzenbestimmer: Naturblick

Die App des Berliner Naturkundemuseums hilft bei der Bestimmung von Flora und Fauna. Mit Vogelstimmenerkennung.

iOS, Android, Berliner Naturkundemuseum, kostenlos

## 3-D-Pappfiguren: Foldify

Kinder wählen aus einer Reihe von Bastelvorlagen Figuren, Tiere oder Fahrzeuge aus. Anschließend wird das Ergebnis ausgedruckt, ausgeschnitten und dann zusammengeklebt.

iOS, Foldify, ca. 4,50 Euro

# Programmieren geht über Studieren

## Können Kinder programmieren?

Ja. Noch vor ein paar Jahren galt das Programmieren als eine Tätigkeit, die vorwiegend Nerds und Außenseitern vorbehalten war. Bereits zu meiner Schulzeit konnte mein

Mitschüler Oliver mit seltener Präzision eine Lichtorgel für Partys programmieren, zu denen er selbst niemals eingeladen wurde. Wenn wir heute vom Programmieren sprechen, und das insbesondere im Zusammenhang mit Kindern, dann geht es nicht mehr um komplexe Kommandostrukturen und unverständliche Befehlsketten. Mit Hilfe von festen Symbolen können bereits sehr junge Kinder erste Erfahrungen mit dem Programmieren am Computer oder Tablet machen.

**Programmieren mit Kindern im Vorschulalter**

Aus den Vereinigten Staaten kommen »Dash & Dot«, zwei knubbelrunde Roboter, die als markantes Kennzeichen ein riesengroßes Auge haben. Mit Hilfe des Tablets können Kinder ab fünf Jahren sie mit Tierstimmen programmieren, sie einen Parcour fahren oder mit auf einem Xylophon Musik spielen lassen. Vikas Gupta, der Erfinder dieser App, der früher auch für Amazon und Google arbeitete, hatte dabei diese Gedanken im Kopf: »Kinder wachsen heute mit Computern in ihren Händen auf, die viel weiter sind, als es die Supercomputer von vor 20 bis 30 Jahren waren. Software und Computer verändern unser Leben und jeden Beruf. Programmieren zu lernen hilft Kindern, die Welt besser zu begreifen, in der sie aufwachsen.« Gupta richtet sich mit seinen Robotern bereits an Grundschüler, weil sie in Sachen Naturwissenschaften und Technologie lernbegieriger sind als ältere Schüler. »Wenn wir Kinder früh auf fesselnde Weise mit Programmierung vertraut machen, trägt das dazu bei, dass sie ein tieferes Interesse für Wissenschaft, Technologie, Engineering und Mathematik entwickeln und interessiert bleiben, wenn sie älter sind.« Beste Voraussetzungen also, um unsere Kinder für die Berufe der Zukunft stark zu machen.

**Programmieren heißt jetzt »Coding«**
Seit 2014 ruft die EU Kinder und Jugendliche in Europa zur »Code Week« auf. Dort heißt es: »Programmcodes steuern unsere digitale Welt und damit unser tägliches Leben. Wer ihre Sprache spricht, kann unsere Zukunft aktiv, individuell und kreativ mitgestalten. Daher ist Coding so wichtig. Mädchen und Jungen konnten während der EU Code Week spielerisch an die Welt der Technik herangeführt werden und so schon früh erlernen, dass Programmieren Spaß macht.«

In Deutschland steht die Code Week unter der Schirmherrschaft von Prof. Dr. Gesche Joost, die auch die Internetbotschafterin der Bundesregierung ist.

*Warum sollen Kinder Programmieren lernen?*
Prof. Dr. Joost: »Programmieren ist eine Technik, die uns hilft, unsere Gesellschaft aktiv und kreativ mitzugestalten, uns an ihr zu beteiligen. Wir alle sind Teil der digitalen Welt und sollten durch diese navigieren können, sie aber auch aktiv gestalten lernen. Als Kulturtechnik des 21. Jahrhunderts ist Programmieren nicht nur für unsere Arbeitswelt unverzichtbar, sondern betrifft jeden von uns in den alltäglichsten Dingen. Wir werden in Zukunft online wählen können, die Verwaltung wird digital, und wir bezahlen

immer öfter über das Netz. Es geht nicht nur um das Programmieren, sondern um einen ersten Umgang mit Technik. Die Ausbildung digitaler Kompetenzen kann nicht früh genug passieren. Jungen und besonders Mädchen müssen lernen, dass Technik und Programmieren Spaß machen. Anstatt Neue Medien einfach zu konsumieren, sollten Kinder begreifen, wie sie sie von klein auf aktiv mitgestalten können. Wenn man digitale Zusammenhänge unserer Welt früh begreift, haben junge Menschen eine größere Chance auf Beteiligung, lernen Potential und Risiken kennen und einschätzen.«

*Welche Programmiersprachen oder sonstigen Angebote sind dazu geeignet?*
Prof. Dr. Joost: »Es gibt viele Programmiersprachen, mit denen man bausteinartig nach dem Lego-Prinzip ganz einfach Programme schreiben kann, Scratch zum Beispiel. Ein guter Ansatz ist es auch, diese digitale Welt mit speziell für Kinder konzipierten Sets zu verbinden, die mit einem Arduino oder Rasberry Pi arbeiten. Auch der Calliope, den ich mit entwickelt habe, schlägt für Kinder die Brücke zwischen dem Programmieren und der physikalischen Welt. Viele Anleitungen dazu sind im Netz frei verfügbar.«

*Wie steht Deutschland im Vergleich zu anderen Ländern da? Welche Länder sind federführend?*
Prof. Dr. Joost: »Großbritannien ist ein gutes Beispiel für ein starkes und beeindruckendes Engagement in dem Bereich. Nicht nur steht dort Programmieren als Pflichtfach

im Lehrplan, die BBC hat dazu noch eine Initiative gestartet, die 1 Million Schulkinder mit einem Programmiertool versorgt. In Deutschland haben wir mit dem Calliope nun auch in vielen Bundesländern angefangen – bereits ab der 3. Klasse.

## 10 Tipps, die zeigen, worauf wir achten können, damit Kinder durch Gestalten ihre Smartphones mehr als Werkzeug statt als reines Unterhaltungsprogramm betrachten.

### 1. Weg vom Konsum

Das Smartphone bietet viel Gelegenheit zum passiven Konsum. Regen wir lieber bei Kindern an, kreativ zu werden, damit sie das Smartphone auch als Werkzeug begreifen und sich selbst als Schaffende.

### 2. Zeigen wir ihnen Alternativen

Mit den auf Seite 241 vorgestellten Apps schreiben sie nicht nur eigene Bücher oder Fotoromane zu ihrem reinen Vergnügen, sondern diese Programme eignen sich auch wunderbar, um eine Buchvorstellung oder ein Referat in der Schule aufzupeppen.

### 3. Kümmern wir uns um die Schule

Viele Schulen sind technisch unterversorgt und oft ist niemand für die Technik zuständig. Unter den Eltern gibt es sicher jemanden, der mit anderen Eltern, dem Elternbeirat und der Schulleitung eine technische Taskforce gründen kann.

## 4. Initiieren Sie Schulprojekte

In der Schule leite ich oft digitale Schreibwerkstätten, in denen ich die Schulklasse zum Verlag mache. Die Arbeitsgruppen teilen sich in Autoren, Korrektoren, Grafiker auf, aber es gibt auch Schüler, die die Pressearbeit und das Marketing übernehmen. Schafft es die Klasse tatsächlich, daraus ein fertiges E-Book zu machen, dann kann sich eine Schülerfirma um den Verkauf kümmern. Am Ende gibt es eine Lesung, zu der Eltern und Lehrer – alles künftige Käufer – herzlich eingeladen werden.

## 5. Denken Sie an die Bibliothek

Im Rahmen von »Lesen macht stark« machen sehr viele Bibliotheken Angebote, damit Kinder mit Neuen Medien wieder mehr lesen. Bibliotheken sind sehr offen für kreative Ideen und oft technisch weiter als die Schule.

## 6. Kreative Schulordnung für Handys

Regen Sie in Ihrer Schule an, dass Kinder mit Smartphones und Tablets eine eigene Schulordnung erstellen, die in Zusammenarbeit mit der Schule entsteht.

## 7. Keine WhatsApp-Gruppe ohne Aufpasser

Schüler dürfen keine WhatsApp-Gruppe oder Ähnliches nutzen, wenn es keine Aufpasser gibt. Dazu braucht es feste

Regeln. In manchen Schulen lesen Siebtklässler als Aufpasser bei den Fünftklässlern mit.

## 8. Programmieren heißt verstehen

Programmieren ist eine Denkweise, die es zu erlernen gilt und die so wichtig wie eine Fremdsprache ist. In den App Stores gibt es dazu viele kostenlose Programme. Nur Mut, es ist nicht so kompliziert wie vor 20 Jahren.

## 9. Halten Sie Ausschau nach Coding-Projekten

Auf www.codeweek.de finden Sie einen Überblick über Projekte in Deutschland. Nur wenn die Kinder wollen, es sollte niemand zur Teilnahme gezwungen werden.

## 10. Machen Sie ruhig mit

Probieren Sie einfach mit ihren Kinder gemeinsam ein paar Gestaltungsapps aus und kommen Sie so mit ihnen auch ins Gespräch. Gestalten macht Spaß und Kinder freuen sich, wenn sie mit ihnen *und* beispielsweise dem Tablet etwas machen.

# KAPITEL 8

## Ein Trend namens »Digital Detox«

*Jetzt pack doch mal das Handy weg oder
wie wir uns durch Selbstregulation mehr exklusive Zeit
für die Familie zurückerobern*

Ende 2015 hatte ich mir ein neues Smartphone geholt. Dabei entschloss ich mich zu einem Experiment: Was wäre, sagte ich mir, wenn du auf das neue Gerät keine Mails installierst. Ich bekomme ja ständig Mails und war von mir selbst genervt, dass ich deswegen immer wieder das verdammte Ding aus der Tasche zog. Das hatte sich einfach so eingeschlichen. Mein Entschluss ist jetzt gut zwei Jahre her, aber ich habe immer noch keine Mails auf meinem iPhone. Bin ich in Berlin unterwegs, kann die Mail ruhig warten, bis ich zu Hause am Rechner sitze. Auf Reisen dagegen ist es schon sehr umständlich, jedes Mal das Laptop aus der Tasche zu ziehen. Darum mache ich das auch viel seltener. Seit ich keine E-Mails mehr auf meinem Smartphone senden und empfangen kann, habe ich mehr Zeit. Für WhatsApp. Ich weiß, das klingt wie ein dummer Witz, ist aber mein Ernst. Wenn ich über WhatsApp schreibe, dann mit meinen Kindern oder Freunden. Alles ganz entspannt.

Lese ich aber eine Mail, spüre ich, wie ein Ruck durch meinen Körper geht. Denn in E-Mails ist immer wieder diese Anforderung an mich, handeln oder entscheiden zu müssen. Viele kennen das Gefühl, wenn sie im Urlaub »nur mal kurz« die Mail checken wollen und dann dieser Ruck durch ihren Körper geht. Das will ich nicht mehr. Ich möchte gerne mehr exklusive Zeit für mich und meine Familie haben. Wer aber Ende 2015 mein altes Smartphone bekommen hat, sage ich jetzt lieber nicht.

**Warum Ruhe im digitalen Zeitalter so wichtig ist**
Wer mit Lehrern spricht, bekommt immer wieder zu hören, dass die Kinder sich im Unterricht schlechter konzentrieren können und ihre Aufmerksamkeitsspanne stark gesunken sei. Das ist an sich nichts Neues. Gerade nach einem Wochenende fiel es laut den schulisch Bediensteten Kindern immer schon besonders schwer, weil sie vielleicht zu viel Zeit mit Fernsehen und Videospielen verbracht haben. Heute aber sind sie dank Smartphone mehrere Stunden pro Tag mit dem Medium zugange. »Manchmal muss ich während meines Unterrichts von 45 Minuten bis zu dreimal die Vermittlungsmethode wechseln«, gesteht Inge, eine Lehrerin. »Sonst verliere ich sie.«

Deshalb kann sich durch das Smartphone und die ständige Nutzung bei Schülern auch die schulische Leistung verschlechtern. Das ist ein Problem, auf das der Hirnforscher Manfred Spitzer völlig zu Recht hinweist. Sicher, der komplette Verzicht ist unrealistisch, aber es muss Pausen geben.

»Niemand kennt den Königsweg«, erklärt Prof. Dr. Christoph Türcke , Philosoph und Autor von *Hyperaktiv! Kritik der Aufmerksamkeitsdefizitkultur.* Und er räumt ein: »Klar ist, dass die digitale Technologie unvermeidlich ist und sie ihren Siegeszug nicht angetreten hätte, wenn sie nicht ungeheure Vorteile besäße. Aber ohne eine gewisse Dosierung und Askese gegenüber dieser Technologie, in der auch ein ungeheures Suchtpotential steckt, wird man nur haarsträubende Dinge erleben.« Türcke findet, die Kinder müssen eine seelische Grundstabilität haben. »Aber diese Stabilität stellt sich nur durch Dosierung, Begleitung und kritisches Hinterfragen her.«

Darum suchen Eltern nach probaten Mitteln, wie diese Dosierung in einer Welt permanenter Reizüberflutung aussehen könnte. Eine Möglichkeit wäre zum Beispiel, eine digitale Pause einzulegen. Warum es nicht mal mit etwas versuchen, was kein Kind gerne hat.

**Wie wäre es mal mit Langeweile?**
Wir alle, Kinder wie Erwachsene, müssen wieder lernen, uns zu langweilen. Langeweile ist verpönt und wird gerne als etwas Negatives empfunden. Müßiggang und Langeweile zu ertragen fällt schwer. Dabei bringt Langeweile uns alle weiter, kann ungeahnte Kräfte entfesseln und uns auf neue Ideen bringen. »Langeweile ist super«, findet auch Dr. Tomke van den Hooven. »Meiner Idee nach ist Langeweile die Vorstufe von Kreativität. Langweilige Sonntage, die gibt es ja auch nicht mehr. Das ist schade.«

Darum wäre es gar nicht so schlecht, die Langeweile

zum Programm zu machen. Nehmen wir uns doch mal mit unseren Kindern am Wochenende *nichts* vor und machen mit ihnen *nichts*. Einfach gar *nichts*. Das sind die Momente, in denen sich nach den ersten holprigen Minuten tolle Gespräche entwickeln. Wenn früher die Großeltern einfach nur im Garten saßen und auf die Blumen starrten, haben wir uns als junge Menschen oft gefragt, was die denn da ansehen. Vielleicht ist das ein Rezept. Einfach mal die Blumen ansehen. »In der Zeit der Aufmerksamkeitsdefizitkultur«, sagt der Philosoph Prof. Türcke, »in der digitale Bilder nur wenige Sekunden da sind und dann der nächste Ruck, die nächste Unterbrechung kommt, gewinnt das Einfach-nur-auf-die-Blumen-Schauen eine neue Qualität. Dazu muss man erst mal fähig werden. Man muss sich dazu anders zusammennehmen als damals die Großeltern. Was früher bloßes Hinschauen war, vielleicht auch träges Glotzen, bekommt heute den Aspekt der Beharrungsfähigkeit, der Versenkungsfähigkeit in etwas.«

Damit das gelingt, können wir auf einen großen Luxus zurückgreifen, der uns alle umgibt: die nichtdigitale Welt.

## Das Analoge wird immer wichtiger oder der Weg zur Selbstregulation

Je digitaler die Welt, desto wichtiger werden das Analoge und die Dinge zum Anfassen. Das ist ein sehr gutes Rezept, um herunterzukommen und sich in etwas zu vertiefen. Das erklärt auch bei Erwachsenen den Trend zu verstärkter DIY-Projekten und Gartenarbeit.

»Alles, was haptisch ist«, sagt Prof. Hurrelmann, »hat

einen neuen Stellenwert bekommen. In einer Welt, in der wir immer weiter weg in Clouds getrieben werden, spüren wir wieder die große Sehnsucht, mit unseren Händen im Boden etwas zu machen. Solch eine Entwicklung ist grade bei jugendlichen Erwachsenen sehr auffällig, und das würde ich wieder auf das Konto Selbststeuerung, Selbstkorrekturen im Verhalten buchen.«

Wer zum Beispiel seinen alten Plattenspieler wieder aus der Versenkung holt, wird beim Auflegen von Vinyl ganz andere Klänge wahrnehmen als mit Streamingdiensten wie Spotify. Dabei hat sich das Nichtdigitale nicht verändert, sondern nur der Blick darauf. »Ja«, bestätigte Türcke. »Weil sich unser Blick verändert, bekommen viele Dinge ein neues Ansehen. Ich nenne Ihnen ein Beispiel: Das handschriftliche Abschreiben von Texten wurde früher nicht zu Unrecht nur als Stumpfsinn empfunden. Heute wird es als eine Gedulds- und Aufmerksamkeitsübung, als ein Bei-etwas-Bleiben, Bei-etwas-Beharren neu schätzenswert. Im Netz kann man sich ja immer ein- und ausklinken. So kommt keine Dauerhaftigkeit, keine Verbindlichkeit zustande. Auch Geduld wird so nicht gelernt.«

Für Geduld und Konzentration braucht es eben Ruhephasen und die Fähigkeit zur Selbstregulation. Die können wir, so Dr. Karin Knop von der Uni Mannheim, etablieren und trainieren. »Wie oft möchte ich mich unterbrechen lassen? Gehörst du noch dazu, wenn du nur alle zwei Stunden mal schaust, was da so an Nachrichten reingekommen ist? Das kann man in der schulischen und außerschulischen Jugendarbeit, aber auch im Elternhaus gut bearbeiten.«

Aber ist das realistisch? Kann denn schon ein Sechsjähriger diese Selbstregulation lernen?

»Sicher«, sagt Dr. Knop, »Das ist ein Persönlichkeitsmerkmal, das von Geburt an entwickelt wird. Einem Säugling würde man nie das Fläschchen oder die Brust vorenthalten. Das Baby hat Hunger und das Bedürfnis muss gestillt werden. Doch mit zunehmendem Alter lernen ja selbst die Allerallerkleinsten ein Bedürfnis kurz aufzuschieben. Schon einem Einjährigen, der gerade Hunger oder Durst hat, kann man ja die Flasche zeigen: Achtung, ich bin gerade dabei, ich mach nur noch das Wasser heiß. Das Kind hat die Fähigkeit, ein paar Minuten zu warten, bis das Fläschchen kommt. Und so geht das im gesamten Lebensverlauf, dass Kinder immer mehr lernen, ein Bedürfnis auch mal aufzuschieben.«

Damit das auch Erwachsene wieder lernen, gibt es einen weiteren Trend:

## Digitales Entgiften

Aus Amerika schwappt eine neue Strömung namens »Digital Detox« nach Deutschland. Eigentlich stammt der Detoxbegriff, der sich mit Entgiften übersetzen lässt, eher aus dem Umfeld der Ernährung, wenn es zum Beispiel um das Entschlacken geht. Also dem Körper die Giftstoffe durch Heilfasten zu entziehen. Der Fastende nimmt sich Zeit für sich, verzichtet dabei auf feste Nahrung, geht viel an die frische Luft und früh schlafen. Mit dem Essen fällt ja auch die Zeit für die Zubereitung weg, was den Tag ungewohnt, aber angenehm länger macht. Der Trott gerät aus dem

**260**

Tritt. Manche Fastende verspüren plötzlich dieses Gefühl von Klarheit. Später, nach dem Fastenbrechen durch einen Apfel, beginnt die Ernährung mit einem neuen Bewusstsein. Früchte und Gemüse riechen plötzlich kräftiger, schmecken intensiver. Und die Sättigung setzt mit einem weitaus weniger gefüllten Teller ein.

Kein Wunder also, dass sich die Vertreter des »Digital Detox« im Umgang mit Smartphone und Internet ähnliche Auswirkungen versprechen. »Digital Detox« ist inzwischen ein geschützter Begriff. Und es gibt Seminare und Camps für Privatpersonen und Geschäftsleute, die mit alten Rezepten wie unter anderem Ayurveda, Yoga und Wanderungen wieder auf den Pfad eines maßvollen Umgangs gebracht werden sollen, um wieder bewusster mit dem mobilen Arbeitsgerät umgehen zu können.

### »Was mache ich da eigentlich?«

Aber auch in der Schule gibt es Verzichtsexperimente, die die Hirnforscher Prof. Manfred Spitzer und sein Kollege Prof. Kammer durchgeführt haben.

»Wir haben in einer Schule im Bayerischen Wald Messungen verschiedenster Art durchgeführt«, erzählt Kammer, »während die Kinder freiwillig in zwei Zeiträumen ihre Handys in einen Schuhkarton getan haben, um dann für einen Monat auf die digitalen Medien zu verzichten. Das hat die Schule von sich aus initiiert, und wir wurden dazu eingeladen, um den Verzicht wissenschaftlich zu begleiten. Wir durften auch den Ablauf der Verzichtsphasen nach wissenschaftlichen Prinzipien mitgestalten.« Interessant daran war die Reaktion der Schüler. »Viele empfanden es als schwierig, einen Monat lang auf ihr Smartphone und auch auf andere digitale Medien zu verzichten. Aber sie erkannten dann selbst, dass plötzlich Kontakte zu Klassenkameraden oder Prozesse in der Familie ganz anders ablaufen und sich durchaus positiv verändern. Viele stellten fest, wie schön es ist, mit ihren Eltern zu reden und nicht immer nur am Smartphone herumzudaddeln. Eindrücklich war natürlich auch, als dann der Monat rum war und die Kinder ihre Smartphone wiederbekamen, wie schnell doch jeder dahin gerannt ist und seins haben wollte. Wir wissen überhaupt nicht, wie nachhaltig diese Erfahrung ist, aber wir sind ganz zuversichtlich, dass so eine Erfahrung in den meisten Kindern etwas auslöst wie »Was mache ich da eigentlich?«

**Digitales Entgiften für Kinder ...**

... kann nicht ohne digitales Entgiften in der ganzen Familie gelingen. Die Umwelt erzieht immer mit. Und ähnlich wie bei Erwachsenen kommt die übertrieben starke Nutzung nicht über Nacht, sondern ist ein schleichender Prozess. Die folgenden Ideen und Vorschläge stammen von Eltern, Lehrern und Kollegen. Sie sind keine Wundermittel, sie funktionieren nicht auf Knopfdruck und sie bieten keine Garantie auf Erfolg. Aber es sind die vielen kleinen Bausteine, die dafür sorgen, dass wir uns exklusive und wertvolle Quality-Time als Familie zurückerobern.

# Digitales Entschlacken
# von Familien für Familien

*Weniger Stress und mehr Lebensqualität*
*in der Familie durch ....*

### ... weniger Apps

»Wir schauen uns die Apps unserer Kinder regelmäßig an«, sagt Linda, »und entscheiden dann gemeinsam, ob und welche Apps wir löschen. Dabei konzentrieren wir uns besonders auf Apps, die sich dauernd melden. Mein Mann und ich haben bei unseren Geräten die Apps von Facebook gelöscht. Wenn wir auf Facebook wollen, dann gehen wir über den Browser rein. Das ist deutlich entspannter.«

### ... keine Meldungen im Sperrbildschirm

»Ich habe bei meinen Kindern und mir die Meldungen von WhatsApp, Instagram und anderen Kommunikationsapps aus dem Sperrbildschirm verbannt«, erzählt Susanne. »Bei meiner Tochter war der dadurch immer rappelvoll. Seitdem dauert es zwar auch länger, bis sie mir antwortet, aber das nehme ich in Kauf.«

### ... abgeschaltete Lesebestätigungen

»Wenn ich meinen Kindern eine WhatsApp geschrieben habe«, meint Peter, »dann konnte ich immer an den Häkchen sehen, wann sie die Nachricht sehen oder lesen. Mich machte es immer fuchsig, wenn sie nicht gleich geantwortet haben. Ich habe erst begreifen können, was ich ihnen und mir für einen Stress damit gemacht habe, als sie die Lesebestätigungen von sich aus deaktiviert haben. Zuerst habe ich mich geärgert, aber sie hatten beide recht. So ist es für alle Beteiligten besser.«

### … Flugmodus

»Der Flugmodus ist der beste Freund des Menschen«, findet Christiane. »Diese Funktion leistet uns nicht nur im Flugzeug gute Dienste, sondern auch im Alltag zu Hause. Beim Abendessen oder Familienfilm ist immer der Flugmodus an. Es ist die Vorstufe zum Ausschalten und bedeutet: Ich will nicht bei meiner augenblicklichen Tätigkeit gestört werden.«

### … weniger Vernetzung der Geräte

»Ich kann jetzt nur von mir reden«, erzählt Regina. »Ich habe ein iPhone, ein iPad und einen iMac. Jedes Mal, wenn ich eine Nachricht über iMessage bekomme und nicht gleich draufschaue, bimmeln gleich drei Geräte nacheinander. Dieses Ding-Dang-Dong hat mich wahnsinnig gemacht. Ich habe mich dann entschlossen, iMessage nur noch auf dem Smartphone zu nutzen.«

### … nicht sofortige Reaktion

»Ich finde es nicht einfach, meinen Kindern zu vermitteln«, gesteht Holger, »dass sie nicht sofort auf jede Nachricht reagieren müssen. Auch ich habe das erst mal lernen müssen. Aber durch die WhatsApp-Gruppe in der Schule ist natürlich ein ganz anderer Druck dahinter. Mit Erfolg? Was soll ich sagen? Wir sind auf dem Weg.«

## … anderen deutlich machen, wie wir kommunizieren wollen

»Ich kenne aus meinem Berufsleben den drängenden Anspruch der Leute«, erläutert Bärbel, »sofort eine Antwort zu erhalten. Gerade mit Kunden ist das besonders heikel. Ich habe mir angewöhnt, in dringenden Fällen sofort zum Hörer zu greifen. Da lässt sich vieles schneller klären. Mein Sohn macht das inzwischen genauso. Wichtig ist nur, dass wir die anderen darüber informieren. Das versteht und akzeptiert jeder.«

## … durch bewussten Umgang mit einer App

»Wir haben alle die App Mental auf unseren Geräten installiert«, erzählt Hanna. »Damit sehen wir, wie oft wir ans Gerät gehen. Das hat uns alle ziemlich überrascht. Zuerst fand ich es ganz schön schräg, ausgerechnet eine App zu benutzen, um weniger am Handy zu sein. Aber wenn es hilft.«

»Wir nutzen Mental, meint Tim, »und haben ein Spiel daraus entwickelt. Wer den Tagesrekord mit den meisten Zugriffen hat, muss abends den Abwasch oder das Katzenklo machen. Funktioniert.«

»Wir haben die Apps Mental, Offtime und Forrest ausprobiert«, gesteht Dina, »aber den Kindern hat Forrest am meisten Spaß gemacht, weil in der Zwischenzeit ein Baum wächst, wenn sie nicht drangehen. Es müsste viel mehr so spielerische Ansätze geben.«

### ... mehr Offline-Hobbys

»Mein Tipp lautet: mehr Sport«, sagt Julia. »Ich mache mit meinen Kindern regelmäßig Sport. Wir joggen oder gehen schwimmen. Das sind Aktivitäten, bei denen ein Smartphone stört. Mein Sohn spielt außerdem in einem Fußballverein.«

### ... mehr Offline-Stunden

»Bei uns ist das Internet zwischen 15 und 17 Uhr ausgeschaltet«, erklärt Sulyman. »Abends ab 20 Uhr ebenfalls. Da wir das jeden Tag machen, ist das für alle Beteiligten ganz normal.«

### ... Offline-Tag

»Wir haben einen Offline-Tag in der Woche«, sagt Sigrid. »Da schalten wir die Fritzbox und unsere Smartphones aus. Meistens Samstag. Das funktioniert ganz gut, weil wir uns dann auch gemeinsam etwas vornehmen. In der Woche schreiben wir unsere Vorschläge dazu an die Küchentafel, dann setzen wir eins davon um.«

### ... Mut zum Offline-Wochenende

»Wir machen einmal im Monat ein komplettes Wochenende ohne Smartphone und ohne Bildschirme«, sagt Chris. »Das ist aber gar nicht so schwer, weil wir einen Schrebergarten haben. Auf die Idee sind wir nach einem Urlaub auf dem Bauernhof gekommen. Die Kinder haben den ganzen Tag draußen gespielt. Das wollten wir uns ein bisschen erhalten.«

### ... im Urlaub verzichten

»Meine Tochter ist 18 Jahre alt und ist mit uns ohne Smartphone 14 Tage nach Madeira geflogen«, erzählt Roswitha. »Das hatte sie ganz alleine beschlossen, weil es ihr zu viel wurde. Auch ihre Freundin kam mit und hat das Ding zu Hause gelassen. Die beiden haben nichts vermisst.«

### ... geheime Funktionen nutzen

»Ich kenne ein sehr geheime Funktion, die kaum jemand kennt«, brüstet sich Jenny. »Jedes Smartphone hat einen Ausschaltknopf. Nicht Flug- oder Ruhemodus, sondern ausschalten. Ganz. Ist ein gutes Gefühl.«

# Dank und Epilog

Jedes Mal, wenn ich nach langer Zeit wieder aus der Dunkelheit des Schreibtunnels ins Licht trete, ist meine Familie noch da. Für ihre Geduld und Nachsicht bin ich zutiefst dankbar.

## Dank an die Gesprächspartner

Mein großer Dank geht an die Expertinnen und Experten, die mir für unsere Gespräche, Interviews und Nachfragen viel Zeit eingeräumt haben:

Birgit Grämke (LAKOST), Kathrin Hartmann (dbv), Yvonne Hofstetter, Dr. Tomke van den Hooven, Prof. Dr. Klaus Hurrelmann, Prof. Dr. Gesche Joost, Prof. Dr. Thomas Kammer, Peter Knaak (Stiftung Warentest), Dr. Karin Knop, Lukas Neuerburg, Maren Olbrich, Thomas Scholz, Prof. Dr. Michael Schulte-Markwort, Prof. Dr. Christian Stöcker, Prof. Dr. Christoph Türcke und Dr. Klaus Wölfling.

Weiterer Dank gebührt den zahlreichen Eltern, denen ich auf meinen Lese-und Vortragsreisen begegnete, und die mir so bereitwillig von ihren Erfahrungen, Ängsten, Problemen und Lösungen berichtet haben. Eine große Unterstützung waren auch die vielen Lehrkräfte und Schulsozialarbeiter, ebenso wie der Elternbeirat und die Schüler, die mir einen Einblick in ihre Erfahrungen gaben.

Durch sie alle kamen viele neue und zum Teil auch überraschende Aspekte in dieses Buch, die zeigen, dass wir vielleicht doch auf einem guten Weg sind.

**Dank gebührt allen unermüdlichen Unterstützern, Freunden und Kollegen:**
Viola Baader, Marit Borcherding, Dr. Oliver Bilke-Hentsch, Andreas Blendin, Christian Blendl, Gabriele Böcker-Lachmann, Jürgen Diessl, Angelika Eckert, Martin Eisenlauer, Dr. Sigrid Fahrer, Monika Frederking, Hartmut Gante, Hans Häge, Maria Hassallah, Steffen Haubner, Internet-ABC-Redaktion, Bruno Jennrich, Andrea Kallweit, der KiRaKa-Redaktion, Nele Knaup, Johannes Krempl, Roland Krüger, Frank Kühne, Gernot Körner, Torben Kohring, Remo Largo, Anke M. Leitzgen, Martin Leupold, Astrid Meckl, Kartin Mennecke, Martin Müsgens, Frank Patalong, Marko Petersen, Sandra Ricken, Kurt Sagatz, Dr. Uwe Schäfer, Evelyn Scherber, Gabi Schiller, Michael Schnell, Prof. Dr. Bernd Schorb, Dr. Astrid Schubert, Tomke Schubert, Oliver Schütte, Prof. Dr. Friederike Siller, Jürgen Sleegers, Iris Stark, Susanne Stein, Gesa Ufer und Dorothee Wiegand.

Besonderer Dank gebührt meiner Lektorin Maria Barankow, die mir mit Rat und Tat zur Seite stand und immer den geschärften Überblick behielt.

Dank gebührt auch dem Goethe-Institut. Das hier in leicht abgeänderter Form erschienene Interview mit den drei

Jugendlichen Ole, Kaan und Charly erschien unter dem Titel »Das Smartphone ist die dritte Hand« unter https://www.goethe.de/de/kul/med/20921936.html

## Den Dreien gebührt hier auch das letzte Wort.

**Und zum Schluss: Eine Frage an die Jugendlichen:**
Wie werdet ihr mal eure Kinder im Umgang mit technischen Geräten erziehen?

Ole (16): »Kleinkinder würde ich nicht damit in Berührung bringen. Junge Kinder sollten Schritt für Schritt langsam und ohne Verbote herangeführt werden. Trotzdem sollte es Zeiten und Grenzen geben. Ein Kind sollte erst ein Smartphone bekommen, wenn es die Vor- und Nachteile, aber auch den Spaß im echten Leben kennt.«

Kaan (17): »Wenn mein Kind irgendwann den Wunsch nach einem Smartphone hat, würde ich mich danebensetzen und aufpassen, aber vor allem auch alles erklären. Ich finde es nicht gut, wenn man einem Kind ohne Begründung etwas verbietet. Es ist wichtig, einen Grund zu nennen, sonst nehmen Kinder das nicht ernst. Ich würde dem Kind auch zeigen, was die echte Welt bedeutet. Freunde, rausgehen. Sobald man draußen ist, erlebt man was. Da draußen wartet eine ganze Welt auf dich.«

# Hilflos ausgeliefert

Thomas Feibel
**Carlsen Clips**
**Ich weiß alles über dich**
128 Seiten
Taschenbuch
ISBN 978-3-551-31456-7

Nina ist verzweifelt. Nach einer Party bekommt sie ständig SMS von einer fremden Nummer. Der Paketdienst liefert Sachen, die sie nicht bestellt hat. Jemand hackt sich in ihrem Namen in den Schulcomputer ein. Dann steht sogar die Polizei vor der Tür! Will sich ihr Exfreund rächen? Zum Glück hat sie Ben kennengelernt. Er hört ihr zu und versucht zu helfen. Doch kann sie ihm wirklich vertrauen?

www.carlsen.de

CARLSEN